El Antiguo Israel

Una Guía Fascinante de los Antiguos Israelitas, Desde su Entrada en Canaán Hasta las Rebeliones Judías contra los Romanos

© Copyright 2020

Todos los Derechos Reservados. Ninguna parte de este libro puede reproducirse de ninguna forma sin el permiso por escrito del autor. Los comentaristas literarios pueden citar breves pasajes en sus revisiones.

Descargo de responsabilidad: Ninguna parte de esta publicación puede reproducirse o transmitirse de ninguna forma o por ningún medio, mecánico o electrónico, incluido el fotocopiado o grabación, o por cualquier sistema de almacenamiento y recuperación de información, o transmitida por correo electrónico sin el permiso por escrito del editor.

Si bien se han hecho todos los intentos para verificar la información provista en esta publicación, ni el autor ni el editor asumen ninguna responsabilidad por errores, omisiones o interpretaciones contrarias al tema en este documento.

Este libro es solo para fines de entretenimiento. Las opiniones expresadas son solo del autor, y no deben tomarse como instrucciones u órdenes de expertos. El lector es responsable de sus propias acciones.

El cumplimiento de todas las leyes y regulaciones aplicables, incluidas las leyes internacionales, federales, estatales y locales que rigen las licencias profesionales, las prácticas comerciales, la publicidad y todos los demás aspectos de hacer negocios en los EE. UU., Canadá, el Reino Unido o cualquier otra jurisdicción es responsabilidad exclusiva del comprador o lector.

Ni el autor ni el editor asumen responsabilidad alguna sobre estos materiales por parte del comprador o lector. Cualquier desaire percibido hacia cualquier individuo u organización es completamente involuntario.

Contents

INTRODUCCIÓN 1
CAPÍTULO 1 - CULTURA Y SOCIEDAD A TRAVÉS DE LOS AÑOS 4
    GOBIERNO Y ADMINISTRACIÓN 4
    COMIDA 7
    ROLES DE GÉNERO 10
    VESTIMENTA 11
CAPÍTULO 2 - LA EDAD DEL BRONCE TARDÍA Y LA EDAD DE HIERRO TEMPRANA (1600 A. C. - 1000 A. C.) 13
    ¿DÓNDE ESTABAN LOS ISRAELITAS? 14
CAPÍTULO 3 - LA EDAD DE HIERRO TARDÍA (1000 A. C. - 587 A. C.) 18
    ISRAEL 18
    JUDÁ 21
CAPÍTULO 4 - LOS ISRAELITAS BAJO BABILONIA 25
    ANTES DEL IMPERIO NEOBABILÓNICO 25
    EL IMPERIO NEOBABILÓNICO 27
    LA REBELIÓN Y LA CREACIÓN DE YEHUD 30
CAPÍTULO 5 – EL CONTROL DE LOS PERSAS 32
    LA BATALLA DE OPIS 33
    LOS ISRAELITAS Y LOS PERSAS 34
    INFLUENCIA PERSA EN EL LENGUAJE, LA LITERATURA Y LA RELIGIÓN 35
    LA CAÍDA DEL IMPERIO AQUEMÉNIDA EN EL LEVANTE 37

 Los Israelitas bajo Alejandro Magno 40
CAPÍTULO 6 - EL PERÍODO HELENÍSTICO Y JUDEA BAJO LOS SELÉUCIDAS 41
 Helenización y Antíoco IV 42
 La Revuelta Macabea 44
CAPÍTULO 7 - LA DINASTÍA ASMONEA TEMPRANA 47
 Alejandro Balas 49
 El Gobierno de Jonatán 50
 El Liderazgo de Simón 54
CAPÍTULO 8 - LA EXPANSIÓN ASMONEA Y LA GUERRA CIVIL 55
JUAN HIRCANO 55
 Los Sucesores de Juan Hircano 58
 Los Fariseos y los Saduceos 60
 La Guerra Civil Asmonea 61
CAPÍTULO 9 - GOBIERNO ROMANO DE JUDEA 64
 Herodes y el Control Romano Continuo 65
CAPÍTULO 10 - ANTIGUA RELIGIÓN HEBREA Y JUDAÍSMO 69
 Monoteísmo vs. Politeísmo 70
 La Religión Israelita y los Asirios 74
 Prácticas 75
CONCLUSIÓN 77
BIBLIOGRAFÍA 79

Introducción

Los israelitas fueron un pueblo fascinante y no exactamente lo que muchos esperarían. Crearon la base del judaísmo contemporáneo, pero tuvieron una cultura y creencias bien distintivas influenciadas por el ambiente en el que vivieron. Después de todo, ninguna civilización antigua se desarrolló en el vacío y la mayoría de las ideas, prácticas e incluso lenguas enteras se intercambiaban entre ellas. Por lo tanto, es importante reconocer a los israelitas no solo como los antepasados del judaísmo, sino también como un grupo distinto con numerosas diferencias.

Los israelitas se originaron y vivieron en una región conocida como el Levante, que cubría el territorio de países modernos como Chipre, Israel, Irak, Jordania, Líbano, Palestina, Siria y Turquía. Los israelitas construyeron sus hogares a lo largo de la costa oriental del mar Muerto, en el territorio que hoy constituye el moderno Israel. Esta es un área árida cuyo clima afectó mucho los alimentos y animales que poseían los israelitas.

El Moderno Medio Oriente

Los israelitas vivieron durante los años que se nombrarán a. C. o antes de la era común. Este término se refiere a años comprendidos antes del comienzo del calendario gregoriano contemporáneo. Se usan diferentes nombres para referirse a la patria israelita, pero todas estas designaciones pertenecen al mismo grupo de pueblos que vivieron en distintos reinos a lo largo de los siglos. Estos reinos incluyen Israel, Judá y Judea, También se hará referencia al pueblo con diferentes términos para correlacionarlos con las convenciones de nomenclatura cambiantes a lo largo de los siglos, incluidos israelitas y judíos.

Los israelitas vivieron durante los años que se nombrarán a. C. o antes de la era común. Este término se refiere a años comprendidos antes del comienzo del calendario gregoriano contemporáneo. Se usan diferentes nombres para referirse a la patria israelita, pero todas estas designaciones pertenecen al mismo grupo de pueblos que vivieron en distintos reinos a lo largo de los siglos. Estos reinos incluyen Israel, Judá y Judea, También se hará referencia al pueblo con diferentes términos para correlacionarlos con las convenciones de nomenclatura cambiantes a lo largo de los siglos, incluidos israelitas y judíos.

Los israelitas no pudieron mantener sus reinos durante mucho tiempo. En cambio, continuaron siendo dominados por imperios mucho más poderosos en todas las direcciones, incluidos los babilonios, persas y griegos. Los israelitas se concentraban sobre todo en la costa occidental del mar Mediterráneo, en la ubicación del actual Israel. En el punto más álgido de su historia, poseían ambos Israel y Judá, y la ciudad principal era Jerusalén. También desarrollaron su propia religión, que comenzó con la adoración politeísta de la deidad patrona de la familia real y que eventualmente se convertiría en una religión monoteísta que alababa a un solo ser supremo. La cultura israelita evolucionaría a lo largo de estas líneas religiosas, hasta el punto en que los israelitas creían que eran el pueblo elegido de Dios.

A diferencia de muchos otros antiguos pueblos, la cultura y las creencias de los israelitas existen en la sociedad moderna. Se las arreglaron para sobrevivir a guerras, persecuciones, numerosas revisiones y adaptaciones provocadas por nuevos invasores o rebeliones internas. Por su relevancia en la sociedad contemporánea, es importante saber más sobre los israelitas para poder comprender cabalmente cómo se desarrollaron y lograron contribuir tan significativamente a la cultura actual del mundo occidental.

Capítulo 1 - Cultura y Sociedad a Través de los Años

La sociedad israelita se desarrolló durante milenios, pero logró mantener algunas constancias a lo largo de los años. Por ejemplo, los israelitas eran patriarcales y gran parte de la población eran granjeros, pastores o trabajadores en general. Reyes, nobles y otros hombres ricos controlaban la política y el desarrollo de un gobierno administrativo, y frecuentemente estaban en guerra con sus vecinos por el territorio y los recursos. Se distinguían de otras culturas en el Levante principalmente por su religión, que implicaba la adoración de un solo dios del que se creía que protegía a los israelitas como pueblo. Esta práctica reflejaba a otros en el área, ya que, en la Edad de Hierro, la mayoría de los reinos en el Levante poseían un dios patrón a cargo de proteger a un pueblo elegido, siempre el pueblo que en su camino habitara temporalmente el reino.

Gobierno y Administración

Después de vivir como miembros de otras sociedades durante siglos, los israelitas finalmente formaron los reinos de Israel y Judá. Ambos tenían una monarquía hereditaria gobernada por los hijos de la generación anterior. a cambio de franjas de tierra propiedad y controladas por la familia del aristócrata.

A diferencia de muchas monarquías de la época, la de los israelitas tenía como motivación principal la religiosa. Los israelitas creían que el rey gobernaba como el virrey de Yahveh, su deidad. Por lo tanto, necesitaban respetar la ley religiosa y comportarse de manera estricta. Dado que la religión se basaba además en que Yahveh hiciera convenios o contratos con los israelitas, el rey era la persona que hacía cumplir estos convenios y se aseguraba que el reino respetara las leyes de Yahveh.

Otras posiciones importantes en la corte real eran las de escriba y copero. El escriba era una figura administrativa crucial responsable de administrar los asuntos judiciales y contables para el rey. El copero llenaba la copa de vino del monarca y se la llevaba, evitando envenenamientos y otras posibles adulteraciones. Figuras menores servían como otros administradores o escribas más bajos en la jerarquía. Algunos cargos, como los de gobernadores, recaudaban impuestos y garantizaban que las leyes se aplicaran fuera de las capitales de los reinos.

En ese momento, otras figuras importantes eran los sacerdotes. A diferencia de otras culturas, los israelitas tenían una clase de sacerdotes hereditarios donde solo los miembros de determinadas familias podían asumir un rol religioso. Los sacerdotes, profetas y predicadores servían para mantener al gobierno soberano bajo control y con frecuencia se aseguraban de que se cumplieran los convenios. A lo largo de los siglos, muchos de ellos denunciaron a varios reyes israelitas por pecados como adorar a otros dioses, adorar ídolos o hacer sacrificarse en los templos equivocados. Las mujeres no podían ejercer el sacerdocio, ni tampoco podían ser administradoras o guerreras. Desde sus humildes orígenes hasta la época del dominio romano, solo dos mujeres alcanzarían el rol de monarca gobernante de un reino israelita.

Con el paso del tiempo, con frecuencia, el rey también sería el sumo sacerdote, o el principal funcionario religioso de la fe israelita. Varias dinastías hereditarias iban y venían, todas con la idea de que eran los gobernantes elegidos por Dios. Estas incluyeron las dinastías davídicas y asmoneas, las cuales se describirán más adelante.

Construcción y Arquitectura

Los antepasados más antiguos de los israelitas eran nómadas o vivían en viviendas muy primitivas construidas con ladrillos de arcilla, postes de madera y techos de paja. Los pueblos nómadas preferían las carpas hechas de cuero o tela. Como el Levante es una región cálida y árida, la mayoría de las viviendas necesitaban proteger a los habitantes del viento y el sol en lugar de la nieve o la lluvia, por lo que los edificios a menudo estaban abiertos y a la sombra.

No se sabe mucho sobre la arquitectura de los israelitas durante la Edad del Bronce y la Edad del Hierro temprana porque los israelitas aún no eran un pueblo singular. En cambio, muchos pertenecían a pueblos cercanos, incluidos los hititas, cananeos y hurritas. La arquitectura de estos lugares continuó siendo simpe, pero la piedra se hizo más común, especialmente para los edificios administrativos y palacios. Los grandes edificios públicos, así como los templos, recibían la mayor atención y típicamente presentaban relieves tallados, pilares y murales de las diversas deidades adoradas por el pueblo.

Los ejemplos mejor conservados de la arquitectura israelita provienen de la Edad del Hierro tardía. Los investigadores descubrieron ciudades enteras en sitios arqueológicos en el antiguo Israel y Judá, incluidos Tell Beit Mirsim, Tell el-Nasbeh y Tell el-Farah. Algunas características definitorias incluyen muros de piedra alrededor de todo el perímetro de la ciudad, casas de arcilla o piedra con múltiples habitaciones y ventanas abiertas, y grandes edificios públicos construidos con bloques de piedra cincelada. La residencia estándar tenía paredes construidas con escombros, cubiertas de barro y luego pintadas con cal para darles un acabado limpio. La mayoría de la gente continuó manteniendo animales en sus hogares si los tenían, pero el área de descanso para los seres humanos ya se había separado.

Un estilo de edificio que surgió durante este periodo comprendía la construcción de dos capas de piedra separadas para formar un muro y el uso de madera más flexible en el medio para reforzar la estructura y evitar daños durante desastres naturales. No se utilizaron techos de piedra porque eran demasiado pesados. En cambio, los israelitas continuaron usando zorzales y cañas, aunque se agregarían troncos para edificios más grandes e importantes.

Las tallas y relieves de piedra continuaron siendo populares en las viviendas israelitas de la Edad del Bronce y durante toda la Edad de Hierro. Los relieves representaban deidades, figuras notables o escenas de mitos comunes. Poco a poco pasaron de ser simples a más detalladas a medida que los israelitas cambiaron de herramientas, de las de bronce a las de hierro, que eran más fuertes, y con estas podían hacer un trabajo más elaborado.

Comida

La antigua dieta israelita era similar a la de otros pueblos que vivían en el Levante.[1] Los alimentos básicos principales eran el pan, vino y aceite de oliva, que sería la cuota estándar que una persona comería en cada comida. Dependiendo de la temporada, los israelitas también tenían acceso a frutas y verduras, como puerros, cebollas, ajo, melones, uvas, higos, aceitunas, dátiles, albaricoques y rábanos negros. Las semillas de diente de león no se cultivaban, pero podían ramonearse durante la temporada adecuada y ayudar a complementar una dieta rica en carbohidratos. Todas las partes del diente de león se pueden comer, incluso cuando el amarillo se vuelve esponjoso, convirtiéndolas en una fuente común para la nutrición durante los años de escasez.

La fruta jugaba un papel más importante en la dieta israelita que las verduras. Comían principalmente higos, aceitunas y uvas, que crecían constantemente. Los higos se comían a medida que maduraban, al igual que las granadas, los albaricoques y los dátiles. Las uvas se podían comer, pero solían usarse para hacer vino para beber. Muchos

---

[1] Nathan MacDonald, *¿Qué Comían los Antiguos Israelitas?: La Dieta en Tiempos Bíblicos* (Grand Rapids: Wm. B. Eerdmans Publishing Co., 2008).

pueblos antiguos transformaban las uvas en vino porque era más seguro para beber que el agua de las fuentes comunes. La mayoría del vino elaborado se diluía, especialmente en comparación con las variantes modernas. Las uvas que no se comían de inmediato o se hacían fermentar o se secaban para hacer pasas almacenables, o podían triturarse. Las uvas machacadas se escurrían del agua y se transformaban lentamente en algo llamado jarabe de uva o miel, que se usaba para endulzar los alimentos. Los dátiles también podían someterse a este proceso para producir miel de dátiles, que servía para el mismo propósito.

Las aceitunas formaban una parte importante de la vida no asociada con cocinar y comer, incluyendo servir como una ofrenda de sacrificio popular, la fabricación de ungüentos e incluso la iluminación. Los israelitas hicieron grandes avances en el desarrollo del aceite de oliva. Un sitio arqueológico en Ekrón, una antigua ciudad, alberga un centro de producción de aceitunas de varios milenios que contiene más de 100 prensas diseñadas para hacer aceite. De hecho, los israelitas producían tanto aceite que lo intercambiaban regularmente con civilizaciones cercanas en el Levante, e incluso tan al sur como Egipto.

Los israelitas no apreciaban las verduras. Es difícil encontrar registros o evidencia arqueológica que demuestre que se comían porque la mayoría de las verduras se hervían o se comían crudas. A veces, los registros indican que las verduras eran un manjar que solo los ricos consumían, ya que requerirían tierras específicas para crecer, pero la mayoría de las veces estaban asociadas con clases más pobres, ya que necesitaban alimentarse.

Los israelitas cultivaban dos granos diferentes: cebada y trigo.[2] Mientras que mucha gente en los Estados Unidos y la Europa modernos suele comer pan de trigo, la cebada era el grano más importante para los pueblos antiguos y servía como el alimento principal. Para los israelitas, la cebada era tan importante que una

---

[2] Ibid.

oferta de harina de cebada fresca se ofrecía, y se continúa ofreciendo, el segundo día de la Pascua, y los campos se medían por la cantidad de cebada que se podía cultivar en lugar de trigo.

La fabricación de pan era una tarea agotadora que llevaba mucho tiempo realizada por las mujeres del hogar. Después de la recolección de los cereales, las mujeres se pasaban tres horas todos los días moliendo suficiente grano para producir suficientes hogazas de pan para sus familias. La mayor parte del grano se molía usando un mortero y una mano de mortero, lo que significaba moler los granos entre dos rocas hasta que se formara una harina fina. Una vez que la harina estaba preparada, las mujeres la mezclarían con un iniciador. El iniciador se hacía guardando una porción de la masa de pan del lote del último día y dejándola a la intemperie. Esta recogería levaduras del aire que ayudaban al proceso de elaboración del pan. Este iniciador le daba a cada hogaza de pan un sabor distintivo de masa fermentada.

Antes y durante la Edad de Hierro, los israelitas horneaban pan en un horno de tarro o un horno de pozo. En el horno de tarro, el combustible se encendía adentro y la masa se cocía a lo largo del costado del tarro, finalmente formando pan. En un horno de pozo, se bajaba un tarro al suelo y se encendía el combustible en su interior. La masa se iba al tarro con el combustible y se horneaba. Eventualmente los israelitas comenzaron a colocar un plato en la parte superior del tarro y lo horneaban allí, lo que evitaba que las cenizas se mezclaran con el pan.

Más tarde, los persas introdujeron el tandur, que cocía de manera similar al horno de pozo, pero sin dejar cenizas en la comida. Todo el pan producido usando estos métodos era delgado y maleable, y se comía sumergiéndolo en salsas, condimentos o algún tipo de líquido. Los romanos introdujeron un horno más tradicional que hacía hogazas de pan más gruesas. Los israelitas condimentaban el pan con hinojo o comino para darle sabor y también lo sumergían en aceite de oliva y sésamo. A veces se usaba miel para hacer que los panes fueran más dulces, ya que los panes de cebada eran notablemente sosos.

Finalmente, las legumbres eran el último grupo de alimentos que comían los israelitas y también uno de los más importantes. Los arqueólogos estiman que el 17% de la dieta los israelitas eran legumbres y esta categoría de alimentos era la principal fuente de proteínas. Algunas legumbres comunes incluían lentejas, guisantes de campo, arveja amarga, garbanzos y habas o frijoles. Las diferentes clases sociales consumían diferentes legumbres, y los más pobres se vieron obligados a comer arveja amarga, que tenía que hervirse varias veces para eliminarle el sabor picante. Otras legumbres como las lentejas se podían moler o tostar en un plato similar al falafel. Las lentejas y los frijoles frecuentemente se hacían en guisos, donde se cocían y sazonaban con ajo, cebolla y puerro.

Roles de Género

Al igual que muchas otras antiguas civilizaciones en el Levante, los israelitas eran una profunda sociedad patriarcal que separaba los roles de hombres y mujeres. La propiedad generalmente era propiedad de hombres y solo los hombres podían convertirse en administradores y escribas influyentes. También podían entrar en acuerdos entre ellos y se esperaba que muchos se convirtieran en soldados o ingresaran al servicio militar. La mayoría de los hombres aprendían oficios de su padre a temprana edad, que podía ser desde un agricultor hasta un artesano o un herrero. Otros se convertían en médicos, abogados jueces o figuras religiosas influyentes como sacerdotes y eruditos. Solo los hombres ricos aprendían a leer y escribir, ya que la alfabetización no se consideraba una habilidad importante para el agricultor promedio.

Las mujeres controlaban la esfera doméstica y poseían una tremenda influencia sobre los recursos y las finanzas del hogar. La mayor parte del día de una mujer adulta se dedicaba a transformar materias primas como lana y granos en productos utilizables como textiles y harinas para pan. Como se señaló anteriormente, este era un trabajo agotador, que requería muchas horas. Además, las mujeres eran responsables del cuidado de los hijos, la cocina y la limpieza. Algunas mujeres se convirtieron en importantes profesionales de la medicina como parteras y herboristas, mientras que otras podrían convertirse en predicadoras no oficiales ya que la religión israelita prohibía los sacerdotes femeninos. Desde muy temprana edad, las madres enseñaban a sus hijos varones y niñas las tareas diarias, para que fueran más hábiles y la ayudaran y para prepararlos para sus vidas como eventuales esposas y padres. Las mujeres de clase alta podían celebrar contratos y poseer propiedades, también aprendían a leer y escribir.

Vestimenta

La vestimenta desempeñaba un papel importante en determinar la clase social de una persona; más específicamente, la gente podía decir cuán rico era un individuo en función del tipo de ropa que usaba. La mayoría de la población tenía ropa de lana simple tejida por las mujeres de cada hogar. La lana provenía principalmente de ovejas, y la mayoría de las familias tenían al menos un animal al que se esquilaba una vez al año para recolectar suministros para la ropa de la familia. Los tintes eran un lujo costoso, por lo que la mayoría de la ropa que confeccionaba era de color liso de la lana, generalmente un marrón desleído o gris.

Los ricos podían permitirse telas como el lino, que los comerciantes importaban de Egipto o reunían en la próspera Galilea. Los aristócratas y los administradores ricos también tenían acceso a una variedad de tintes. El más caro era un color púrpura específico producido procesando el caracol murex, pero los violetas más baratos se lograban extrayendo el color de flores como el jacinto. Los colores incluso podían derivarse de insectos triturados nueces y plantas doradas. La ropa blanca estaba reservada a los nobles que podían permitirse mantenerlas limpias blanqueando las prendas al sol y luego frotándolas con una mezcla de vinagre, orina y soda cáustica. Las vestimentas costosas con frecuencia también tenían bordados, especialmente cuando las usaba la nobleza.

Casi todo el pueblo usaba una túnica básica, que se hacía cosiendo dos cuadrados de tela y dejando agujeros para la cabeza y los brazos. Las capas o mantos eran piezas de tela más grandes que cubrían la túnica y eran una protección adicional contra el clima. La mayoría tenía alfileres o nudos que mantenían el manto unido en el hombro, aunque los ricos una vez más poseían variaciones más elegantes. Las mujeres tendían a usar un velo que les cubría el cabello y parte del rostro para preservar la modestia. Los israelitas podían identificar a las prostitutas fácilmente porque estas mujeres no usaban velo. Los hombres también se cubrían la cabeza, generalmente con largos rectángulos de tela sostenidos en su lugar por anillos de madera o de cordón.

Una característica única de la ropa masculina era el agregado de borlas o flecos en las esquinas de las prendas. Estas borlas supuestamente les recordaron a los hombres que deben cumplir con sus mandamientos religiosos y seguir las leyes de su dios. Finalmente, toda la gente, excepto los muy pobres, usaban sandalias de algún tipo. Casi todos los zapatos eran de punta abierta. La base podía estar hecha de madera o cuero, y correas de cuero envueltas a través y alrededor de los dedos para mantener el zapato sujeto al pie. Los arqueólogos han encontrado algunas botas cerradas, pero parecían estar reservadas a los ricos.

Capítulo 2 - La Edad del Bronce Tardía y la Edad de Hierro Temprana (1600 a. C. - 1000 a. C.)

La sociedad israelita se remonta a una época conocida como la Edad de Bronce. Este fue un período histórico caracterizado en que las civilizaciones fabricaban herramientas y armas de bronce. Además, tenían alguna forma de protoescritura, generalmente símbolos con significados específicos, y tenían el comienzo de civilizaciones urbanas construidas alrededor de las ciudades centrales.

Los israelitas surgieron durante la Edad del Bronce Tardía, que duró desde aproximadamente el 1600 a. C. hasta el 1200 a. C. e indicaba un momento en que el trabajo del metal con bronce era más sofisticado, pero ya cuando estaba terminando. De hecho, la región de donde se originan los israelitas fue una de las primeras áreas en todo el mundo en aprender a trabajar con bronce, como se ve en el mapa a continuación. El Levante es una de las secciones más oscuras, de color cobre en el mapa en el lado derecho del Mediterráneo. A diferencia de otras culturas que necesitaron aprender a trabajar el metal y a escribir por sí mismos, los israelitas tomaron prestado mucho de civilizaciones anteriores o desarrolladas a su alrededor.

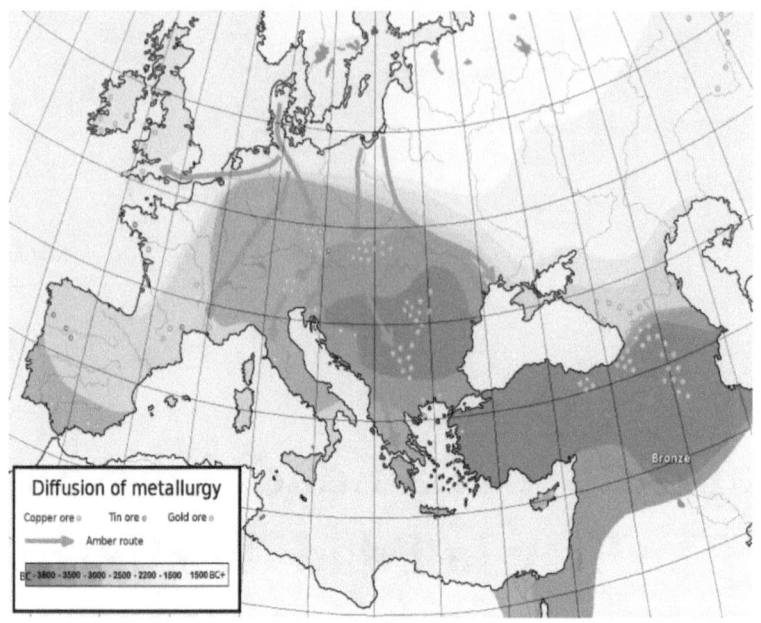
Difusión de la metalúrgica durante la Edad de Bronce

¿Dónde Estaban los Israelitas?

Los historiadores pueden rastrear a los israelitas hasta un tiempo tan lejano en la historia que ni siquiera eran conocidos por el mismo nombre y no eran un grupo étnico separado. En cambio, eran miembros de una civilización conocida como Canaán, o los cananeos. Canaán fue una civilización que existió principalmente durante la Edad de Bronce antes de sucumbir al Colapso de la Edad de Bronce que destruyó muchas de las civilizaciones en todo el Levante. Originalmente tribus y grupos de nómadas, los cananeos finalmente formaron una serie de ciudades-estado ubicadas alrededor de los modernos Israel y Siria.

Alguna gente puede que haya oído hablar de los cananeos del Antiguo Testamento, donde figuran como paganos, idólatras, acostumbrados a comer bebés y en general personajes desagradables. Tenían dioses separados de los israelitas, pero muchos historiadores creen que una buena parte de su mala reputación proviene del hecho de que continuaron siendo rivales de los israelitas por comida, territorio, rutas comerciales y la supervivencia general en el Levante.

Los arqueólogos e historiadores tenían poca evidencia sobre la ubicación exacta y la naturaleza de Canaán hasta finales del siglo XX, cuando los nuevos sitios de excavación revelaron los límites claros de la civilización. Al igual que los israelitas, los cananeos eran un grupo de gente de habla semítica. Eran politeístas y compartían con sus vecinos muchas de sus deidades, patrones lingüísticos, dieta y otras características. Canaán incluso se defendió de Egipto, que dominaba la Mesopotamia por su población superior y tecnología militar.

Sin embargo, la civilización no pudo durar. El colapso de la Edad de Bronce devastó por completo a Canaán. Este colapso ocurrió alrededor del 1200 a. C. y pudo haber sucedido por varias razones. Los historiadores especulan que toda el área se derrumbó debido a los invasores con mejores equipos y estrategias militares, un cambio climático devastador que generó terremotos y malas cosechas, la invasión de los Pueblos del Mar e incluso el colapso general de los sistemas.[3] Según la teoría del colapso de los sistemas generales, numerosos factores hicieron que fuera más eficiente económicamente para los campesinos comprar armas en lugar de alimentos caros, derrocando a la aristocracia guerrera y generando generaciones de asaltantes y bandidos. Los Pueblos del Mar eran invasores misteriosos que venían del otro lado del mar Mediterráneo y derrotaron a las fuerzas de estados existentes como Canaán.

---

[3] Ibid.

Los Pueblos del Mar

Frente a tantos problemas, la civilización cananea se desintegró lentamente en grupos étnicos o culturales separados como los fenicios, filisteos e israelitas. Los israelitas existieron durante un período de tiempo como vagabundos o ciudadanos de varios asentamientos en todo el antiguo territorio de Canaán. El término oficial "Israel" no aparece en el registro viviente hasta la creación de la estela de Merneptah, que fue inscrita por los sirvientes del faraón Merneptah de la XIX dinastía egipcia. Varias líneas importantes se relacionan con la presencia de los israelitas y el destino de los cananeos:

"Los príncipes están postrados y dicen:" ¡Paz! "
Nadie está levantando la cabeza entre los Nueve Arcos.
Ahora que Tehenu (Libia) ha encontrado su ruina,
Hatti está pacificado;
El Canaán ha sido expoliado en todo tipo de aflicción:
Ashkelon ha sido vencido;
Gezer ha sido capturado;
Yano'am se hace inexistente.
Israel es arrasado y su simiente no;
Hurru se convirtió en viuda a causa de Egipto."

' Kenton L. Sparks, *Etnicidad e Identidad en el Antiguo Israel,* (Eisenbrauns: 1998).

Puesto que Israel no era un estado político en este momento, los historiadores creen que la referencia es a los Israelitas como un pueblo, que formaban un grupo étnico específico basado en los cananeos y otros pueblos del Levante. Existe poca evidencia arqueológica que sugiera una guerra o un conflicto militar. En cambio, es probable que Egipto hubiera tratado de eliminar a los israelitas como lo hicieron con los pueblos de los alrededores y eligió enumerarlos entre sus enemigos conquistados, ya que los israelitas poseían un número significativo de población. Fue alrededor de esta época cuando los israelitas se unieron al resto del Levante en la transición a la Edad de Hierro.

Capítulo 3 - La Edad de Hierro Tardía (1000 a. C. - 587 a. C.)

La Edad del Hierro tardía, también llamada Edad del Hierro II, fue un período de avance significativo desde 1000 a. C. hasta 587 a. C. durante el cual prosperaron los reinos de Israel y Judá. Uno de los factores clave para este desarrollo fueron dos siglos de condiciones climáticas inusualmente favorables y cambios que generaron cosechas fructíferas, clima templado y provocaron un auge masivo de la población. Surgieron nuevos asentamientos en toda el área y las rutas comerciales comenzaron a enviar bienes exóticos a ambos reinos.

Israel

En Israel, la ciudad de Samaria surgió como un poderoso actor en el Medio Oriente. La ciudad parecía ser tan próspera que llamó la atención de Egipto. Una inscripción del faraón Shoshenq I indica que Egipto lideró varias campañas militares contra Samaria durante los primeros siglos de la Edad del Hierro II. A mediados del siglo IX a. C., Israel se encontraba luchando contra varios de sus vecinos por el control de regiones ricas en recursos, incluidos el famoso Valle de Jezreel y Galilea. Sus dos enemigos principales que querían ese territorio eran Damasco y Tiro, las dos ciudades más importantes.

Los tres deseaban el Valle de Jezreel porque constituía uno de los lugares más fáciles para que los comerciantes viajaran a través del Levante. Es así como se constituyó en el escenario de numerosas batallas, muchas de las cuales Israel perdió frente a sus vecinos más poderosos.

Las Ruinas de Samaria

Otras luchas militares llegaron de los asirios del Imperio neoasirio y del reino de Moab, que estaba justo al otro lado del mar Muerto en Israel. Israel fue uno de los once reinos que lucharon contra el poderoso rey asirio Shalmaneser III en la batalla de Qarqar.[5] Librada en el 853 a. C., la batalla de Qarqar contó con el mayor número de combatientes vistos en cualquier conflicto militar en la región y también fue la primera vez en que se registraron numerosos pueblos, incluidos los árabes. Los líderes de la coalición de once reinos fueron el rey Hadadezer de Aram Damasco (un reino ubicado alrededor de la ciudad de Damasco) y el rey Acab de Israel, lo que demuestra la importancia del reino en la zona.

---

[5] Michael Grant, *La Historia del Antiguo Israel* (Scribner, 1984).

Israel envió 2.000 carros y 10.000 soldados a la batalla, un despliegue a gran escala solo superado por los 1.200 carros, 1.200 jinetes y 20.000 soldados proporcionados por Aram Damasco. Los historiadores no están seguros de quién ganó el conflicto, ya que no existen registros de los once reinos y los asirios nunca reconocieron directamente ninguna victoria o derrota en el área, lo que en realidad podría haber sido una pérdida, ya que al rey Shalmaneser III no le gustaba admitir fracasos militares. Salmanasar III derrotó con éxito al menos a 14.000 soldados y capturó numerosos carros y caballos, pero no regresó a la región para futuras campañas militares, lo cual era otra indicación de que la batalla de Qarqar fue un empate o la perdieron los asirios. El rey Acab de Israel continuó gobernando hasta su muerte en el 852 a. C. en las cercanías de Galaad, donde se encontraba luchando por el territorio.

Durante la Edad de Hierro II, además de los asirios, otro importante enemigo de los israelitas fue Moab. Moab existía antes que el reino de Israel y con frecuencia se enfrentaba a los israelitas sobre el territorio que rodea el mar Muerto y los ríos cercanos de agua dulce. Queda muy poca evidencia histórica del estado mismo, pero existen numerosos registros de batallas libradas en lugares como Galilea. Alrededor de 840 a. C., el rey Mesha de Moab ordenó la inscripción de la Estela Mesha, que celebraba una gran victoria sobre los conquistadores israelitas.

De acuerdo con el relato real, los moabitas enfurecieron a Quemos, su deidad, y él obligó al pueblo a someterse a la subyugación israelita como castigo. No quedan muchos registros de este conflicto, pero se lo correlaciona con los documentos que dejaron los israelitas, que perdieron el territorio alrededor de los años 840 a. C. La estela Mesha es además importante por tener la primera referencia no semítica al dios israelita Yahveh.

El conflicto de Israel con los asirios no había terminado. Alrededor del 738 a. C., el rey asirio Tiglath-Pileser III ocupó Filistea cerca de la frontera de Israel y rápidamente lo invadió. Los israelíes fueron ampliamente superados en número y carecían de la tecnología militar que poseía el Imperio neoasirio. Israel se derrumbó, la ciudad de Samaria cayó, y el antiguo reino se convirtió en un estado vasallo debilitado obligado a rendir homenaje a sus conquistadores. Un estado vasallo era cualquier entidad, a menudo un reino político-subordinado a otro y, a menudo hecho para complementar militar y las arcas del Estado más poderoso. Miles de israelitas fueron deportados de sus hogares y enviados a las fronteras donde había menos recursos, rutas comerciales y menos tierras de labranza.

Judá

Los orígenes de Judá no están claros. Los historiadores encontraron evidencia que indican que la región que se convertiría en el reino de Judá había estado habitada durante mucho tiempo por un grupo separado de israelitas, pero no había un único centro de poder. En cambio, estas tierras altas del sur se dividieron en líneas familiares o tribales separadas durante los siglos X y IX a. C. La consolidación no comenzó sino hasta el reinado del rey Ezequías, una notable figura bíblica sobre el cual existe muchísima evidencia arqueológica para apoyar lo que sucedió exactamente durante su gobierno[6]. De hecho, hay tantas fuentes de datos que algunos historiadores y arqueólogos consideran que sus disputas con el Imperio asirio, a quien Judá le debía lealtad, son los acontecimientos mejor documentados durante la Edad de Hierro.

Muchos historiadores buscan en el Antiguo Testamento de la Biblia una cronología aproximada de la vida de Ezequías, ya que numerosos hechos se correlacionan con la evidencia arqueológica descubierta en la región. Nació alrededor de 739 a. C. en Jerusalén, la ciudad más importante, y murió alrededor del 687 a. C. El rey Ezequías entró en la política a la tierna edad de 10 años, cuando servía junto a su padre Acaz para aprender los trucos del comercio. Durante su reinado, la alfabetización prosperó y las nuevas obras

---

[6] J. Maxwell Miller, *Una Historia del Antiguo Israel y Judá, Segunda Edición* (Louisville: Westminster John Knox Press, 2006).

literarias entraron en la esfera pública, aunque solo eran accesibles para los ricos o los de la administración. Jerusalén continuó sirviendo como el centro de población de Judá y su importancia tuvo un auge por un aumento de su población en un factor de cinco, pasando de un modesto número de 5.000 ciudadanos, a uno tan grande como 25.000, que para la Edad de Hierro era enorme.[7]

Los muros alrededor de Jerusalén tuvieron un cambio significativo de tamaño y fortificación para acomodar a la nueva población, y Judá se convirtió en uno de los reinos más poderosos a lo largo del frente asirio-egipcio. Sin embargo, casi todo el poder y el ejército de Judá se concentraba en Jerusalén, donde vivía la mayoría de la población. Esto se convirtió en un problema cuando Ezequías denunció la dominación y control asirio, y el rey asirio decidió marchar con un ejército y recuperar el territorio.

Los registros del conflicto entre Judá y los asirios cuentan en gran parte la misma historia. El rey asirio Senaquerib se enteró de la rebelión de Judá y notó que varios estados más pequeños de la región también trataban de escapar a control asirio. Senaquerib entró con un ejército y logró reclamar numerosos dominios, incluidos Sidón y Ascalón. Otros estados decidieron rendir homenaje en lugar de luchar, incluido el Moab mencionado anteriormente.

Posteriormente, Senaquerib llevó sus tropas a Judá y conquistó gran parte de ella, pero se vio obligado a detenerse fuera de Jerusalén. Los muros de nueva construcción defendieron a los judíos y los asirios sitiaron la enorme capital durante semanas. Según la Biblia, un ángel hirió a 185.000 tropas asirias y Senaquerib se retiró derrotado después de recibir el tributo de Ezequías.

Senaquerib, en cambio, escribió que los asirios asediaron la ciudad y no se fueron por las pérdidas, sino porque recibieron el tributo que

---

[7] La Cronología del Ascenso de Judá al poder es confusa y durante años confundiría a los eruditos. Bajo el gobierno de Ezequías, Judá logró ganar poder y consolidarse antes de intentar liberarse del Imperio neoasirio. Cuando los intentos fallaron y después de que Ezequías pereciera, Judá pareció aceptar ser un estado vasallo porque el reino recibió protección extra. Sin embargo, no es fácil conseguir la evidencia cronológica.

querían y una promesa de que Judá ya no se rebelaría. La versión de Senaquerib de los acontecimientos se puede encontrar en el Prisma de Nínive de seis lados, una estatua de piedra que forma parte de los Anales o registros de Senaquerib.

El rey Ezequías eventualmente murió, pero no sin antes realizar otro trabajo importante que constituyó el escenario para el futuro de Judá. Ezequías decidió revisar y reformar por completo la religión de Judea.[8] Purificó el templo central en Jerusalén, reformó el sacerdocio, prohibió los ídolos, y combatió la práctica de la idolatría, que era el culto de ídolos o estatuas que se creían que representan dioses. Los ídolos formaban una parte importante de la mayoría de las antiguas religiones en el Levante, por lo que el desarrollo de un grupo que no las usaría fue significativo y establecería el escenario para las prácticas futuras de los israelitas, que no representaban el rostro o el cuerpo de su deidad como lo hacían otras. Entre los ídolos destruidos estaba la serpiente de bronce que creía que había hecho Moisés para curar a otros de mordeduras de serpientes.

Las reformas religiosas de Ezequías ocurrieron en un momento significativo durante la historia de los israelitas. Samaria de Israel había caído y aparecieron profetas en toda Judá predicando que lo mismo sucedería con el reino de Judea si no se reformaba religiosamente. Para Ezequías, la caída de Samaria fue una evidencia tangible de que había que hacer algo, especialmente con los asirios pisándoles los talones. Además de la purga de la idolatría, las reformas religiosas adicionales incluían:

- La destrucción de los altares paganos de los hogares y la práctica del politeísmo por gente que no vivía en Jerusalén.
- -La centralización de la práctica de la religión en la misma Jerusalén.
- -Otorgar poder a los sacerdotes de Yahveh para destruir los altares o instrumentos paganos que encontraran.

---

[8] Ibid.

- -La obligación de las peregrinaciones a Jerusalén como muestra de fe.
- -La celebración de la Pascua.

Las reformas de Ezequías no duraron mucho después de su reinado, pero continuaron siendo importantes para los desarrolladores de la religión israelita. Poco después de la muerte del rey, Judá adoptó su papel de estado vasallo de los asirios para evitar ser destruido como el cercano Israel y desempeñó un papel importante en el desarrollo del comercio de aceitunas en todo el Levante. Judá prosperó a pesar de su sometimiento y disfrutó de una inmensa riqueza y poder a pesar de intentar liberarse mientras Senaquerib era rey. Todo esto cambió cuando el Imperio neoasirio fuera atacado por los babilonios.

Capítulo 4 - Los Israelitas bajo Babilonia

El período anterior a la desintegración del Imperio neoasirio podría considerarse una edad de oro para los israelitas. Si bien el propio Israel se derrumbó, Judá continuó prosperando y podría haber seguido siendo próspera durante mucho tiempo si no hubiera sido por las luchas internas y la incapacidad de Asiria para retener su territorio. ¿Pero quiénes eran los babilonios y cuál fue su efecto total en la vida de los israelitas?

Antes del Imperio Neobabilónico

Para comprender el destino de los israelitas, es importante saber quiénes eran los neobabilonios y qué situación existía en la Mesopotamia. El Imperio surgió alrededor del 626 a. C. y controlaron grandes extensiones de Levante hasta el 539 a. C. Durante los tres siglos anteriores a la creación del imperio, los babilonios fueron vasallos de los asirios mucho más poderosos, el mismo pueblo que conquistara Israel y controlara Judá. De hecho, los babilonios podrían haber permanecido bajo control asirio si no hubiera sido por la muerte de uno de los gobernantes asirios más poderosos que se recuerde: Asurbanipal.

Tableta con la figura de Asurbanipal

La muerte de Asurbanipal desencadenó un increíble número de luchas internas durante todo el Imperio neoasirio. Controlaba la mayor extensión de territorio jamás poseída por los asirios y, aunque era amado por su pueblo, era conocido por su crueldad excepcional hacia sus enemigos. Entre los tormentos sádicos que infligía a sus rivales era sujetar una cadena de perros en la mandíbula de un enemigo y obligar al hombre a vivir en una perrera hasta su muerte. A pesar de su violencia, fue sorprendentemente indulgente e incluso amable con su pueblo, nunca masacró a nadie ni cometió tales atrocidades contra ellos.

Asurbanipal también fue un hombre extremadamente inteligente y erudito que se esforzó por aumentar la cultura de su imperio. Cuando era niño y de joven, se sometió a una exhaustiva educación por los escribas y fue uno de los pocos reyes capaces de leer la escritura cuneiforme en acadio y sumerio, dos de los idiomas utilizados en la región. Creó la famosa Biblioteca de Asurbanipal, que contenía más de 30.000 tabletas y textos de toda la Mesopotamia, muchos reunidos durante sus conquistas. Los almacenaba en su biblioteca, que se convirtió en el prototipo de todas las futuras.

Tras su muerte en el 627 a. C., Asurbanipal lo sucedió su hijo, Assur-etil-ilani. Assur-etil-ilani, solo gobernaría durante cuatro años antes de que estallara una serie de guerras civiles. No quedan registros claros de lo que sucedió, excepto que varios miembros de la nobleza compitieron por el poder. Los enemigos de Asiria se aprovecharon de la situación y las hordas de persas, cimerios, escitas, medos y otros descendieron sobre el desmoronado imperio. Cayeron sobre el imperio como una ola, saqueando, saqueando y atacando ciudades y asentamientos tan al sur como Egipto. No pudieron capturar la capital de Nínive, pero quedó debilitada y el Imperio neoasirio ya no tenía control ni influencia sobre sus antiguos estados vasallos, incluida Judá.

El Imperio Neobabilónico

También llamado Segundo Imperio babilónico, el Imperio neobabilónico se originó alrededor del año 626 a. C. cuando el Imperio neoasirio enfrentó el colapso.[9] Durante los tres siglos anteriores, los asirios controlaron Babilonia y la trataron como un estado vasallo. Una vez que comenzaron las brutales guerras civiles después de la muerte de Asurbanipal, Babilonia vio la oportunidad de liberarse y crear un poderoso imperio. Junto a los cimerios, escitas y otros, Babilonia saqueó a Nínive en el 612 a. C. y comenzó un imperio que logró controlar aún más territorio que el de los asirios. Este mapa demuestra el alcance de los neobabilonios en la cima de su poder.

---

[9] George Stephen Goodspeed, *Una Historia de los Babilonios y los Asirios* (Independent Publishing, 2014).

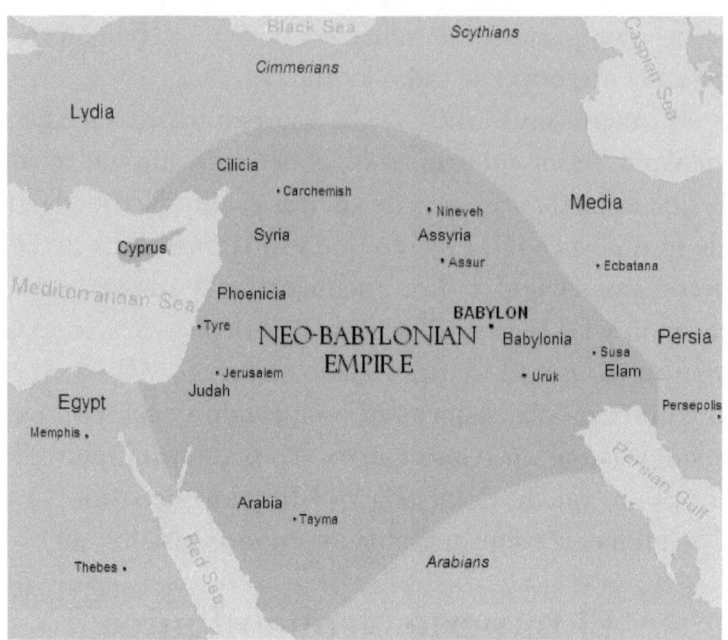

Los babilonios y una nueva identidad israelita

Cuando los babilonios tomaron el territorio asirio, naturalmente reclamaron el antiguo reino de Israel y la totalidad de Judá. Mientras que antes Judá fuera próspero y sumamente involucrado en el comercio, ahora estaba débil y desorientado. El reino entró en un período de pronunciada decadencia económica, y la población disminuyó debido a una combinación de guerras y menores rendimientos agrícolas. Una ciudad en la mitad norte de Judá se convirtió en la capital de una provincia de Babilonia, mientras que la misma Jerusalén y su famoso templo fueron destruidos tras múltiples rebeliones. Toda la infraestructura de la capital de Judea se derrumbó por completo, lo que obligó a muchos a alejarse de sus hogares. Este fue un golpe significativo para los israelitas porque su religión predicaba que Yahveh había elegido Jerusalén como su hogar permanente y que mantendrían la capital a perpetuidad.

En particular, los israelitas exiliados debían aceptar la idea de que la dinastía davídica original ya no reinaría y que los israelitas no eran tan infalibles como se creía. La mayoría de la gente que fue obligada a salir de Jerusalén eran las élites, incluidos príncipes, sacerdotes, profetas, escribas y otros administradores. Muchos se quedaron juntos y en realidad escribieron o contribuyeron a muchas de las secciones de la Biblia hebrea, incluidos los libros de Ezequiel y Jeremías. En el último cuarto del siglo XX y principios del siglo XXI, los estudiosos incluso descubrieron tabletas escritas por los exiliados israelitas que describen su vida cotidiana en nuevos asentamientos. Muchos de estos refugiados israelitas desarrollaron las doctrinas religiosas del individualismo y el universalismo, que dictaban que un solo dios creó a las personas y al mundo.

Finalmente, quizás el aspecto más influyente de esta diáspora fue el desarrollo de una identidad hebrea distinta para los israelitas que se usó para separarlos de otros pueblos en el área y alrededor del mundo. Sin embargo, es importante tener en cuenta que toda esta literatura no afirma que la mayoría de los israelitas permanecieron en Jerusalén bajo el gobierno de los babilonios, e incluso que experimentaron una mejor calidad de vida, ya que recibieron la mayor parte de las propiedades expropiadas a las élites.[10] Es cierto que existieron algunas rebeliones contra los gobernadores de Babilonia, pero la mayoría de los israelitas que permanecieron continuaron sus vidas en paz.

Fuera de Jerusalén, los israelitas sufrieron. Al igual que el Imperio neoasirio, los neobabilonios necesitaban realizar campañas militares regulares en todo su territorio solo para mantener el control. Los babilonios tenían demasiados enemigos para administrar todo su imperio, y, por lo tanto, muchos de los israelitas fuera de las ciudades amuralladas sufrieron incursiones y ataques de pueblos cercanos como los árabes y los amonitas. Peor aún, los fenicios llevaron a cabo numerosas incursiones de esclavos en las áreas para encontrar gente para vender en sus rutas comerciales a lo largo del mar Mediterráneo.

---

[10] Ranier Albertz, *Israel en el Exilio: la Historia y la Literatura del Siglo VI a. C.*, (Sociedad de Literatura Bíblica: 2003.)

La Rebelión y la Creación de Yehud

Como ya se mencionó anteriormente, Jerusalén y su famoso templo solo fueron destruidos después de dos rebeliones fallidas. La primera ocurrió a principios del siglo VI, cuando el actual rey Sedequías se rebeló contra el gobernante neobabilónico, Nabucodonosor II. En ese momento entró en una alianza con el faraón egipcio, pero no pudo resistir el ataque del ejército babilónico. Cuando los asirios sofocaron la rebelión alrededor del año 597 a. C., numerosos israelitas influyentes se encontraron yendo a Babilonia en cautiverio.

Judá decidió rebelarse nuevamente unos años después a pesar de no haber incrementado mucho su fuerza militar. En 589 a. C., la ciudad de Jerusalén volvió a ser sitiada. Después de dieciocho meses, la ciudad volvió a caer bajo los babilonios y Nabucodonosor II. Fue en este momento en que la ciudad y el templo fueron arrasados y toda la clase administrativa de Jerusalén fue desterrada o exiliada al cautiverio en Babilonia. Junto con los refugiados que huyeron, los arqueólogos creen que el reino de Judá perdió a 8.000 personas, o aproximadamente una cuarta parte de la población total.

Con las élites eliminadas y la resistencia de los israelitas totalmente erradicada, Judá se convirtió en una provincia babilónica llamada Yehud. Nabucodonosor II originalmente designó a un israelita como gobernador, un hombre llamado Godolías. Los historiadores discuten cuál fue su verdadero papel y cuánta autonomía poseyó; algunos dicen que realmente fue una figura administrativa, mientras que otros piensan que fue un rey títere que recibía órdenes de los gobernantes de Babilonia. [11]

Originalmente, parecía que Yehud y los israelitas que quedaban podían vivir en paz. Muchos de los que huyeron de la ciudad durante las rebeliones regresaron cuando escucharon que un compañero israelita y nativo de Judá estaba a cargo. Sin embargo, alguien asesinó a Godolías y numerosos rebeldes mataron a la guarnición babilónica

---

[11] Ibid.

que defendía y controlaba la ciudad. Los israelitas en Yehud huyeron a Egipto para evitar represalias babilónicas y Judá volvió a caer en la oscuridad hasta la llegada de los persas, quienes arrebatarían el poder a sus rivales babilónicos.

Capítulo 5 – El Control de los Persas

Al igual que pasó con todos los imperios antiguos, los neobabilonios fueron incapaces de conservar todo el territorio que capturaban de los demás. Aunque los babilonios mantuvieron a raya a muchos de sus enemigos, no eran rivales frente a una nueva amenaza: los persas bajo Ciro II, también conocido como Ciro el Grande. Creó el imperio más grande jamás visto en el mundo hasta ese momento de la historia: el Imperio aqueménida. Se extendería por todo el Medio Oriente hasta Asia Menor, a través del mar Mediterráneo hasta la futura Grecia, y hacia el norte de África.

Ciro el Grande

Antes de la invasión persa del Imperio neobabilónico, Mesopotamia se veía así:

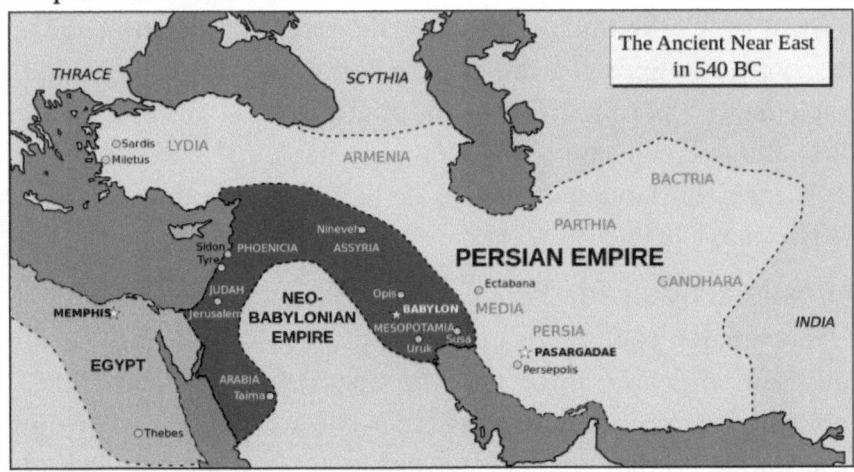

Judá estaba en el extremo occidental del Imperio neobabilónico, lo que demuestra la gran extensión del poderío militar y la destreza de Ciro el Grande. Conquistó a varios de sus enemigos en Asia Menor antes de centrar su atención en los babilonios. La batalla decisiva entre las dos potencias se conoce como la batalla de Opis, que tuvo lugar entre septiembre y octubre del 539 a. C.

La Batalla de Opis

Opis era una ciudad a orillas del río Tigris que servía como un punto de entrada crucial al Imperio Neobabilónico. Durante su reinado, Nabucodonosor II fortificó completamente la región y construyó un muro fuerte y gigantesco en un intento para mantener alejados a los posibles invasores. Este se llamaba la Muralla Meda. Desafortunadamente para los babilonios, un extremo del muro estaba ubicado en Opis. La ciudad también tenía un puente que cruzaba el Mediterráneo, por lo que era un lugar clave para que los persas intentaran su asedio.

No se sabe mucho sobre lo que ocurrió durante la batalla. En cambio, los historiadores saben que la batalla de Opis terminó con una clara victoria persa y una derrota babilónica total, si no una derrota completa del ejército. Los persas hicieron un enorme saqueo de la ciudad y los registros indican que tuvo lugar una masacre, pero nadie sabe si fue de los ciudadanos de Opis o del ejército babilónico en retirada. Curiosamente, después de esta derrota, los babilonios parecieron darse por vencidos y permitieron la entrada de los persas, posiblemente porque Opis se tomó como ejemplo. Otros historiadores creen que Ciro el Grande llegó a un acuerdo con los gobernantes de Babilonia después de la destrucción de su ejército, lo que permitió a los persas reclamar Opis pacíficamente.

Los Israelitas y los Persas

Una vez que el Imperio neobabilónico se derrumbara, Yehud se transformó en la provincia autónoma de Yehud Medinata. Era una importante zona administrativa, pero conservaba una pequeña población de no más de 30.000 personas en un momento dado. Una vez que muriera Ciro el Grande, su sucesor logró agregar Egipto al Imperio aqueménida, un movimiento que ubicaría a Yehud Medinata en la frontera del imperio y una frontera problemática para los persas. Durante los años de control persa, algunos de los israelitas desterrados por los babilonios regresaron a sus hogares, pero muchos se mantuvieron alejados.

Después de un período de agitación tras la muerte del gobernante persa en el 522 a. C., Ciro tomó el poder en 521 a. C..[12] Durante su reinado, reformó la administración del imperio y recolectó y codificó las leyes locales en todo el territorio persa. En este punto, decidió reformar muchos de los códigos legales y cómo se implementaron en toda la región, lo que resultó en la redacción simultánea de la Torá y la supresión de una gran parte de la herencia israelita. Los persas también hicieron en la región la transición de hablar hebreo a diario al arameo, aunque el hebreo se siguió utilizando con fines religiosos. A pesar de estos cambios, Ciro es conocido en la Biblia cristiana como un libertador de Judá, posiblemente porque derrotó a los conquistadores originales babilónicos.

---

[12] Matt Waters, *Antigua Persia: Una Historia Concisa del Imperio Aqueménida, 550-330 a. C.* (New York: Cambridge University Press, 2014).

Finalmente, la población de Yehud Medinata logró reconstruir Jerusalén y su templo, pero la población de la ciudad nunca superó los 1.500 habitantes. La ciudad una vez más se convirtió en la capital, esta vez de la provincia persa en el Imperio aqueménida. Los historiadores sospechan que el gobierno persa inicialmente trató de establecer un reino para administrar la provincia, muy probablemente dirigido por los descendientes de Joaquín. Joaquín era el rey de Judá antes de que cayera ante los babilonios. Sin embargo, hacia mediados del siglo V, Yehud Medinata y especialmente la ciudad de Jerusalén se convirtieron en una teocracia con sumos sacerdotes hereditarios. Un gobernador designado por los persas, casi siempre un hombre judío, recaudaba impuestos y mantenía el orden dentro de la provincia.

La provincia de Yehud Medinata era significativamente más pequeña que el antiguo reino de Judá. La mayoría de la gente vivía en pequeños pueblos sin muros y trabajaba como granjeros o pastores. Los persas utilizaron la provincia como un puesto militar puesto que estaba a lo largo de la frontera de su imperio y establecieron un par de instalaciones de acuñado de monedas ya que había recursos y minas cercanas.[13] Aunque el Antiguo Testamento afirma que más de 43.000 israelitas exiliados regresaron a la región, la evidencia indica que en ese momento la población realmente disminuyó. En ciertos puntos, había tan solo 500 personas en la capital de Jerusalén.

Influencia Persa en el Lenguaje, la Literatura y la Religión

Como se mencionó brevemente en la última sección, el idioma de los israelitas cambió del hebreo al arameo. El arameo pertenece a la misma subfamilia semítica que el hebreo y tienen muchas similitudes. En particular, ambos idiomas se escribían usando el alfabeto hebreo y el arameo mismo. Al menos en la región de Yehud, ambos tenían

---

[13] Ibid.

numerosas palabras, prefijos y sufijos hebreos. Algunos estudiosos creen que los dos idiomas son tan cercanos entre sí como el español y el portugués en los tiempos contemporáneos. El arameo parece haber llegado con el imperio persa, donde muchos de los miembros hablaban el idioma.

También hubo cambios en la literatura, particularmente las formas finales de la Torá o el Antiguo Testamento Bíblico. Algunos de los libros antiguos originalmente incluidos en las prácticas religiosas desaparecieron y fueron reemplazados por nuevos escritos. Entre estas creaciones estaban Ben Sira, Tobit, Judith, Enoc 1 y Macabeos. Los libros de José para los reyes se sometieron a una enorme revisión y edición para desarrollar también sus formas completas. La escritura también se hizo más autoritaria, aludiendo al desarrollo de un cuerpo de escrituras diseñado para contar la historia oficial de la religión y las prácticas de la gente.

Junto con estos desarrollos en la obra sagrada de los israelitas, se produjeron cambios en la práctica y el pensamiento religiosos reales. Durante los siglos IX y VIII a. C., los israelitas no eran del todo monoteístas. Todavía existía el culto a los dioses familiares y los cultos de la fertilidad, y ni siquiera el aporte de los asirios, que creían que su rey era divino, apresuraría el proceso de que la deidad israelita se volviera singular. Esto cambió cerca de la llegada de los persas, que trajeron la influencia del zoroastrismo.

El zoroastrismo es una de las religiones más antiguas conocidas en la existencia humana. Predica la existencia de un ser supremo que creó el universo, una clara dicotomía entre el bien y el mal, y una escatología que predice la caída del mal y el fin de la historia humana.[14] Algunos creen que el zoroastrismo influyó en los israelitas para que adoptaran plenamente la idea de un Yahveh supremo y poderoso y el movimiento de otros dioses ancestrales para convertirse en ángeles y demonios en un panteón separado. Sería sorprendente si

---

[14] Una escatología es una teología que predice el fin de los acontecimientos humanos o el destino final de la humanidad, la mayoría de las religiones modernas tienen una.

el zoroastrismo y los persas no tuvieran ninguna influencia en la religión israelita teniendo en cuenta que los persas controlaron a casi toda la población durante más de un siglo, y se pueden encontrar influencias similares en otras áreas dominadas por ellos.

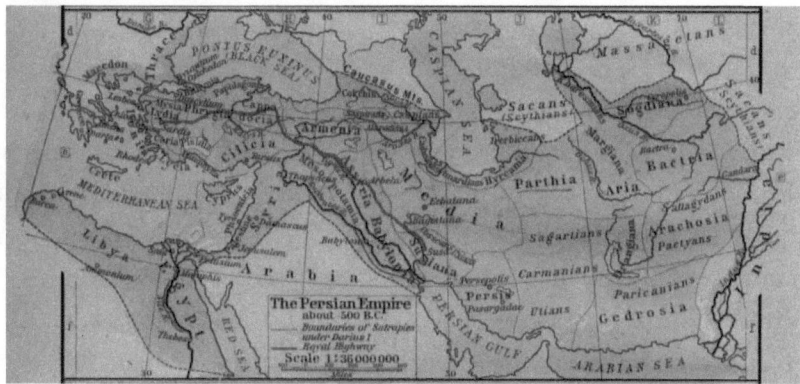

El Imperio aqueménida persa

Un desarrollo final para los israelitas fue la idea cimentada de la "alteridad", que comenzó con los exiliados durante la ocupación babilónica y se extendió gradualmente por todo Yehud. Anteriormente, los israelitas poseían relaciones cordiales con sus pueblos vecinos y los matrimonios mixtos ocurrían con frecuencia, incluso si no eran totalmente compatibles. Durante el dominio persa sobre los israelitas, los exiliados que regresaron a Jerusalén y a la antigua Judá comenzaron a difundir la idea de ser el pueblo elegido de Yahveh, que ahora era un ser supremo. Puesto que fueron elegidos, los israelitas no podían casarse con no miembros de la religión sin perder esa condición.

La Caída del Imperio Aqueménida en el Levante

Los antiguos reinos de Israel y Judá volvieron a ver agitación y conflictos a partir del siglo IV a. C., cuando el Imperio aqueménida fue atacado por una de las figuras más discutidas de la historia: Alejandro Magno. Alejandro Magno, cuyo verdadero nombre era

Alejandro III de Macedonia, provenía de un antiguo reino griego. Sucedió a su padre a la tierna edad de 20 años e inmediatamente comenzó campañas militares que abarcaron Europa, Asia y África. Después de dos años en el trono, Alejandro implementaría los planes de su difunto padre para expandirse en territorio persa y comenzó a hacer la guerra en el 334 a. C.[15]

A pesar de bordear el mar Mediterráneo, Yehud no se vio afectado por la invasión temprana. Alejandro decidió atacar el Imperio aqueménida a través de Anatolia, que forma la moderna Turquía. El gobernante de los persas en ese momento, un hombre llamado Darío III, no creía que Alejandro, que dirigía la Liga Helénica Griega, pudiera reclamar ningún territorio, por lo que permaneció en el capitolio de Persépolis. Su plan era que los sátrapas o gobernadores de las provincias de Anatolia manejaran el problema con sus propios ejércitos. Cuando eso falló y Alejandro ganó terreno rápidamente, Darío III dejó Persépolis y se dispuso con sus propias fuerzas a encontrarse con el general griego en el campo de batalla.

Al frente de los persas, Darío III sufrió una derrota humillante y devastadora durante la batalla de Issos, que tuvo lugar cerca de la moderna ciudad de Issos en Turquía. A pesar de aparecer con más del doble de tropas y caballería, Alejandro derrotó a Darío III y este perdió el control sobre Anatolia. Aún más vergonzoso fue el hecho que Alejandro secuestrara a la esposa, las hijas y la madre de Darío III, ya que habían acompañado al rey persa en su campaña. La batalla de Issos tuvo lugar en el 333 a. C. y marcó el comienzo del fin del Imperio aqueménida.

---

[15] Profesor Thomas R. Martin y Christopher W. Blackwell, *Alejandro Magno: la Historia de Una Vida Antigua* (Nueva York: Cambridge University Press, 2012).

La Batalla de Alejandro en Issos de Albrecht Altdorfer

En ese momento, Darío III le ofreció a Alejandro un tratado de paz donde Alejandro podría mantener el territorio conquistado y recibir 10.000 talentos a cambio de la familia del rey persa. Alejandro se negó, alegando que ahora él era el rey de Asia. Más tarde, en el 333 a. C., marchó hacia el Levante, en el que se encontraba la provincia de Yehud. Toda la zona se resistió y Alejandro hizo un ejemplo de la ciudad de Tiro, en el actual Líbano. Después de un largo asedio de muchos meses, Tiro cayó y Alejandro hizo ejecutar a todos los hombres en edad militar, mientras que las mujeres y los niños fueron vendidos como esclavos. El resto de la región cayó rápidamente con poca resistencia, incluido Yehud.

Los Israelitas bajo Alejandro Magno

Alejandro hizo poco por la administración o el gobierno real. Recolectó los tributos de manera similar a los persas y no tuvo problemas en permitir que los pueblos capturados continuaran practicando su cultura y religión, lo que permitió a los israelitas continuar su adoración de Yahveh. Si bien su conquista promovió la helenización, o la difusión del idioma griego y la incorporación de elementos culturales de otras sociedades, esto no sucedió realmente con los israelitas.

En cambio, el destino no cambiaría para los israelitas hasta que Alejandro Magno muriera poco después de comenzar sus conquistas alrededor del 323 a. C., a la edad de 32 años.[16] Esto constituyó un problema porque el conquistador no tenía un claro sucesor. Su hijo nació después de su muerte, y aunque su guardaespaldas y uno de los principales generales eligieron ser reyes conjuntos hasta que el niño tuviera la edad suficiente para asumir el trono, todo se vino abajo. Los generales elegidos para dirigir satrapías individuales comenzaron a luchar entre ellos, generando un conflicto que duraría 40 años. Finalmente, el Imperio de Alejandro se dividió en cuatro partes separadas: el Egipto ptolemaico, la Mesopotamia seléucida y el Asia central, la Anatolia Atálida y Macedonia Antigónida. Los israelitas pertenecían a la Mesopotamia seléucida y al Asia central.

---

[16] Ibid.

Capítulo 6 - El Período Helenístico y Judea bajo los Seléucidas

Si bien los israelitas eventualmente se convertirían en parte de la Mesopotamia seléucida y Asia central, esto no sucedió de inmediato. Durante las luchas internas entre los generales de Alejandro, la provincia de Yehud quedó bajo el control de un hombre conocido como Ptolomeo I, de cuyo nombre se deriva el término "Egipto ptolomeico". En 321 a. C., el guardaespaldas y amigo de Alejandro, Pérdicas, intentó invadir Egipto. Perdió una gran batalla en el río Nilo, y sus hombres lo asesinaron esa noche mientras dormía en su tienda. Ptolomeo I era enemigo de Pérdicas y el sátrapa de Egipto. Una vez que Pérdicas no pudo tomar el área, sus hombres desertaron al ejército de Ptolomeo.

Ptolomeo I era una figura enigmática. Según la ascendencia que él reclamaba, era el medio hermano de Alejandro, un hecho que los registros genealógicos conservados señalan que podría ser cierto. A diferencia de muchos de los otros generales de Alejandro que anteponían sus ansias de poder a sus aptitudes, Ptolomeo I poseía una estrategia sólida que había comenzado en su tierra natal. Aunque tenía sueños expansionistas, sabía que nunca podría retomar la totalidad de las conquistas de Alejandro y centró su atención en asegurar Egipto antes de trasladarse a la región circundante. En particular, deseaba Cirenaica, Chipre y Siria, incluida una vez más, la nueva provincia de Judea-Judá.[17]

Durante dos décadas, Ptolomeo reclamó y luego evacuó Siria cuatro veces por los enfrentamientos entre los generales de Alejandro. La tercera y cuarta vez tuvo lugar entre los años 302 y 301 antes de Cristo. Ptolomeo se unió a una coalición para derrocar a un general especialmente poderoso ganando territorio, y ocupó Siria a lo largo del frente de batalla. Sin embargo, recibió una información errónea y, pensando que sus amigos habían sido derrotados, se fue. Cuando descubrió el error, regresó, pero ya era demasiado tarde. La coalición creyó que los abandonaba y, por lo tanto, regaló Siria y Judea a Seleuco I Nicátor, el sátrapa de Babilonia. Por su sed de poder, excelente estrategia militar y absoluta determinación, Seleuco logró reclamar toda la sección oriental del imperio de Alejandro, que incluía Asia y Anatolia. Sin embargo, como muchos de los otros generales, Seleuco se volvió codicioso e intentó tomar varios de los territorios europeos en poder de otros, incluidos Tracia y Macedonia. Llegó a Tracia en el 281 a. C. y fue asesinado por algunos rivales que se escondían en la corte. Su hijo, Antíoco I, lo reemplazó, y los israelitas continuaron bajo el poderoso Imperio seléucida.

Helenización y Antíoco IV

En general, los israelitas no se opusieron a vivir bajo el control del Imperio seléucida, siempre que pudieran practicar su religión, ahora se conoce como el judaísmo. Sin embargo, esto no significa que estuvieran de acuerdo entre sí sobre cómo debería ser la vida. Como se mencionó anteriormente, Alejandro trajo consigo un período de helenización, donde la cultura griega, las ideas e incluso el lenguaje,

---

[17] Ian Worthington, *Ptolomeo I: Rey y Faraón de Egipto* (New York: Oxford University Press, 2016).

comenzaron a extenderse por toda Europa, Asia y África. Algunos israelitas favorecían el proceso de helenización, mientras que otros se oponían vehementemente a ella. Muchos pueblos tampoco podían ponerse de acuerdo sobre si Judea debiera ser leal o no a la dinastía de los ptolomeo o los seléucidas, ya que, en unas pocas décadas, habían vivido bajo uno u otro.

Estas tensiones llegaron a un punto crítico en el 175 a. C., cuando muriera el sumo sacerdote Simón II,[18] el cual tenía dos hijos que podían heredar su cargo. El primero era Onías III, que favorecía a los ptolomeo y se oponía a la helenización. El segundo era Jasón, que apoyaba los seléucidas, así como el proceso de helenización. Lo que siguió no estaba bien documentado, pero se sabe que vinieron años de intriga política y en la corte, durante los cuales varios pueblos intentaron sobornar al rey por el puesto de sumo sacerdote. Las acusaciones de asesinato enrarecieron el aire entre los contendientes. Con el tiempo, estallaría una pequeña guerra civil.

Al final, Jasón ascendió a la posición de sumo sacerdote y comenzó la helenización haciendo construir de una arena para juegos y un gimnasio cerca del templo judío en Jerusalén. Algunas personas incluso se sometieron al proceso de restauración no quirúrgica del prepucio para poder asociarse desnudos con otros en el gimnasio, como era la costumbre griega, sin que se burlasen.

El siguiente problema para israelitas vino de la mano de Antíoco IV Epífanes. Fue un rey seléucida entre 175 a. C.-164 a. C. Durante su reinado, lanzó un ataque contra Egipto, supuestamente sin ningún apoyo judío. Cuando se vio obligado a volver por Roma, él y sus hombres se detuvieron en Jerusalén y saquearon el templo, robando importantes ídolos religiosos y tesoros. Además, los soldados masacraron a un número desconocido de Judíos. Poco después del asalto, Antíoco IV impuso duras leyes en Judea que intentaban debilitar la religión de los israelitas. Entre ellas, estaba prohibir la

---

[18] En ese momento, el Sumo Sacerdote era el principal funcionario religioso de toda la provincia, cuya autoridad eclesiástica solo era superada por el rey.

posesión de escrituras judías, la práctica de la circuncisión, y tratar de hacer cumplir el culto de Zeus. Estos ataques contra la religión judía se pueden ver en el libro religioso de los macabeos, que dice:

"Y después de que Antíoco hubiese herido a Egipto, regresó de nuevo en el año ciento cuarenta y tres, y subió contra Israel

y Jerusalén con una gran multitud,

Y entró orgullosamente en el santuario, y quitó el altar de oro, y el candelabro de luz, y todos sus vasos...

Y cuando se lo llevó todo, se fue a su tierra, después de haber cometido una gran masacre, y habló con orgullo.

Por consiguiente, hubo un gran duelo en Israel, en cada lugar donde estaban".[19]

Las acciones de Antíoco IV no fueron incuestionables. Numerosos miembros de la población de Judea se rebelaron contra el gobierno seléucida en un evento conocido como la revuelta macabea.

La Revuelta Macabea

Aunque los libros religiosos representan la revuelta de los macabeos como una rebelión total contra los seléucidas, muchos estudiosos modernos creen que en realidad formaba parte de una guerra civil entre aquellos israelitas que deseaban ser helenizados y aquellos que se rehusaban. Según la literatura, la revuelta comenzó cuando un sacerdote judío rural llamado Matatías el Asmoneo se negó a adorar a los dioses griegos y luego mató a otro hombre que intentó colocar una ofrenda a un ídolo en la ciudad. Él y sus cinco hijos huyeron al desierto, donde Matatías moriría aproximadamente un año después.

---

[19] 1 Macabeos 20:25.

1866 Pintura de Matatías de Gustave Doré

Una vez que muriera Matatías, su hijo Judá dirigió un ejército de disidentes al desierto en el 166 a. C. Los disidentes lucharon contra los seléucidas por medio de la guerra de guerrillas y acciones que hoy serían cuestionables. En el camino, destruyeron altares paganos, circuncidaron a la fuerza a niños pequeños y atacaron a judíos helenizados. La guerra se produjo en su mayor parte a través de una serie de pequeñas batallas donde las rápidas tácticas relámpago de la infantería ligera macabea frecuentemente triunfaban sobre los lentos seléucidas. Los principales conflictos conocidos incluyen:

- Batalla de Uadi Haramia (167 a. C.)
- -Batalla de Bet Horón (166 a. C.)
- -Batalla de Emaús (166 a. C.)
- -Batalla de Bet Zur (164 a. C.)
- -Batalla de Bet Zacarías (162 a. C.)
- -Batalla de Adasa (161 a. C.)
- -Batalla de Elasa (160 a. C.)

Finalmente, las fuerzas de los macabeos triunfaron y entraron en Jerusalén. Limpiaron y volvieron a dedicar el templo mientras restablecían el culto judío tradicional. Al mismo tiempo, nombraron a Jonatán macabeo como el sumo sacerdote. El Imperio seléucida envió un batallón de soldados para recuperar Jerusalén, pero finalmente se retiraron cuando Antíoco IV muriera poco después.

Capítulo 7 – La Dinastía Asmonea Temprana

Judea lentamente entró en un nuevo período bajo el control de la dinastía asmonea. Esta dinastía estaba formada por Matatías y sus hijos, quienes reclamaban Judea y partes del territorio circundante. Durante sus primeros años, la dinastía asmonea sirvió como estado vasallo para el debilitado Imperio seléucida, pero eventualmente ganaría algo de autonomía antes de sucumbir ante los romanos al oeste.

El hijo de Matatías, Judá, dirigió la mayoría del conflicto contra los seléucidas. Los judíos tenían varias ventajas militares porque la mayoría de las batallas se libraron en territorio de origen judío y contaban con unidades guerrilleras rápidas contra los seléucidas más lentos y establecidos. Sin embargo, los macabeos que formaban la dinastía asmonea nunca habrían visto una victoria si no fuera por los conflictos internos dentro del Imperio seléucida provocados por disputas sobre el poder y las malas relaciones exteriores con potencias cercanas como el Egipto ptolomeico.

Demetrio I Soter era el principal enemigo de Judá y el que tenía debilidades para ser explotadas, pero solo después de la muerte de Judá. Como se mencionó anteriormente, Judá conducía la mayoría de los conflictos militares en nombre de los macabeos y, por lo tanto, vio la mayor parte de los combates durante el surgimiento de la dinastía asmonea. Se encontró cara a cara en el campo de batalla con los generales de Demetrio I Soter varias veces, incluso en la célebre batalla de Elasa. Mientras Demetrio I Soter manejaba los asuntos del este, envió a un hombre llamado Báquides para manejar los asuntos de su territorio al oeste. Báquides decidió atacar el creciente poder autónomo de Judea bajo los macabeos y recibió la aprobación de Demetrio I Soter para comenzar las acciones militares ofensivas. Durante la batalla de Elasa, marchó sobre Jerusalén con más de 20.000 hombres, incluyendo la infantería fuertemente armada dispuesta en una formación clásica de falange. Judá solo tenía 3.000 hombres protegiendo Jerusalén junto con él, y las fuentes indican que al menos 2/3 del ejército huyeron al ver a las fuerzas seléucidas. Después de una lucha tensa entre los seléucidas y las fuerzas restantes de los macabeos, Judá fue ejecutado y el territorio nuevamente pasó a manos del Imperio seléucida.

Muerte de Judas macabeo por José Teófilo de Jesús

Báquides estableció un nuevo orden en Jerusalén con los helenos a cargo de la región de Israel. Jonatán, un hermano de Judá, tomó a los patriotas restantes que no murieron durante el conflicto y escapó a través del río Jordán. Se involucraron en varias batallas militares y finalmente se quedaron escondidos en los pantanos de la zona. Báquides decidió abandonar Israel. Sin embargo, menos de dos años después, una ciudad llamada Acre se enfrentaría a una amenaza lo suficientemente significativa de los macabeos restantes como para contactar a Demetrio I Soter para obtener ayuda. Demetrio envió nuevamente a Báquides a la zona.

Jonatán y sus fuerzas tenían más experiencia en la guerra de guerrillas que antes y se encontraron con Báquides en el desierto antes de retirarse a una fortaleza llamada Bet-Hogla. Báquides asedió el escondite de Jonathan durante varios días. Posteriormente, las fuentes no están claras. Los libros de los macabeos indican que Jonatán firmó un tratado de paz con Báquides, donde intercambiaron rehenes y declararon el fin de las hostilidades. Los libros luego dicen que Báquides se fue y nunca regresó, mientras Jonatán siguió luchando para establecer una nueva dinastía.

Alejandro Balas

Lo que se sabe es que Demetrio I Soter estaba luchando debido a las malas relaciones internacionales con los líderes cercanos. Entre las muchas personas que lo denunciaron o decidieron dejar de cooperar con él, se encontraban varios otros gobernantes que decidieron dejar de reconocer a Demetrio I Soter como el gobernante legítimo de los seléucidas. En cambio, personas como Ptolomeo VI y Cleopatra de Egipto y Atalo II Filadelfo de Pérgamo apoyaron a Alexander Balas, quien impulsó su reclamo al trono.

Alejandro Balas en realidad no tenía derecho legítimo al trono. Provenía de la ciudad de Esmirna y era un plebeyo, pero fingía ser hijo de Antíoco IV Epífanes y Laodice IV. Heráclides, antiguo primer ministro y eventual usurpador del poder, descubrió a Alejandro Balas y a su hermana y comenzó a presentarlos como los hijos legítimos del rey y la reina muertos. A pesar de ser ejecutado por Demetrio I Soter, las afirmaciones de Heráclides se mantuvieron en pie y Alejandro

Balas recibió el reconocimiento del Senado romano y de la dinastía ptolemaica de Egipto.

Alejandro Balas se levantó contra Demetrio I Soter en el año 150 a. C. Se alió con los macabeos sugiriéndole una contraoferta a Jonatán que superaba las promesas de legitimidad y libre gobierno de Judea de Demetrio I Soter. Alejandro Balas prometió que Jonatan podría convertirse en el nuevo sumo sacerdote sin oposición y reclutar su propio ejército para defender Jerusalén. Jonatan esperaba que Demetrio I Soter retirara sus guarniciones de Judea y escuchó al gobernante actual del Imperio seléucida que le prometía un gobierno de alguna autonomía. Se mudó a Jerusalén en el 153 a. C., gradualmente armó un ejército y construyó sus propias guarniciones. Cuando estalló la guerra, Jonatán, y por extensión, los israelitas, se pusieron del lado de Alejandro Balas. Alejandro Balas derrotó a Demetrio I Soter en 150 a. C.

Luego, extendió una invitación a Jonatán. El nuevo Sumo Sacerdote de Jerusalén pudo asistir a la boda del nuevo emperador seléucida con una princesa de la dinastía ptolemaica y se le permitió sentarse en la mesa alta como invitado de honor. Alejandro Balas incluso permitió brevemente a Jonatán usar la túnica real y aceptó gentilmente los regalos y alabanzas del israelita. Jonatán era ahora el gobernante autónomo de Judea y promovió la Dinastía Asmonea. Alejandro Balas lo nombró general militar y gobernador provincial de Judea bajo protección seléucida e ignoró las quejas del partido helenístico a favor de su aliado en la guerra.

El Gobierno de Jonatán

El período de Alejandro Balas como gobernante fue corto. En 147 a. C., un hombre llamado Demetrio II Nicátor desafió a Balas. Demetrio II Nicátor era hijo de Demetrio I Soter y comenzó una larga guerra contra Balas. Mientras la sede del Imperio seléucida estaba en desbandada, el gobernador de toda Celesiria desafió a Jonatán. Judea existía dentro de esta provincia más grande, y el gobernador Apolonio Taos decidió usar el caos de la monarquía para expulsar a los judíos de Jerusalén.[20]

La ubicación de Celesiria

Jonatán se encontró con Apolonio Taos en el campo de batalla con 10.000 soldados. Marcharon hacia la ciudad de Jafa y atacaron rápidamente, obligando a la ciudad que no estaba preparada a abrir sus puertas. Apolonio pidió refuerzos para defender a Jafa y los recibió de la ciudad separada de Azoto. Desafió a Jonatán en el campo de batalla y se apareció con 3.000 soldados de infantería, incluida una poderosa caballería. A pesar de esta ventaja, Jonatán logró vencer a Apolonio. Capturó y quemó a Azoto por su participación en el ataque y destruyó el interior del templo de Dagón, un antiguo dios de la fertilidad. Alejandro Balas recompensó a Jonatán con la ciudad de Akron y su territorio circundante, y Jonatán regresó en paz a Jerusalén.

---

[20] Igor P. Lipovsky, *Judea Entre Dos Eras* (Boston: Cambridge Publishing, Inc., 2017).

La batalla entre Alejandro Balas y Demetrio II Nicátor continuaba. Del lado de Demetrio II estaba su suegro, Ptolomeo VI. Ptolomeo VI se encontró con Alejandro Balas en el campo durante la batalla de Antioquía en el 145 a. C. Alejandro Balas perdió la vida y también Ptolomeo VI. Demetrio II logró convertirse en el único gobernante del Imperio seléucida y se casó con la esposa de Balas para afianzar aún más su legitimidad. Jonatán no fue leal al nuevo rey y en cambio acumuló sus fuerzas para sitiar al Acra. El Acra era una importante fortaleza seléucida en Jerusalén y simbolizaba el poder del imperio sobre Judea. En ese momento era una de las secciones más fortificadas de la ciudad y serviría como refugio para los helenistas de Judea que deseaban existir bajo el control de los seléucidas. El ataque de Jonatán no tuvo éxito. El mismo Demetrio II se apareció en la cercana ciudad de Ptolomeo con un gran ejército y exigió ver a Jonatán en persona para responsabilizarlo por su traición.

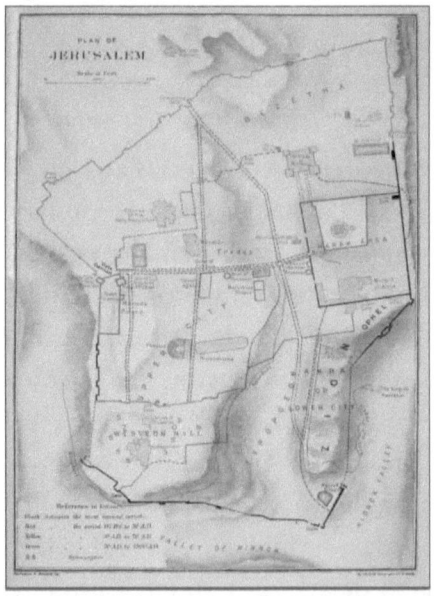

1903 mapa de Jerusalén con el Acra

Jonathan se presentó ante Demetrio II y compró el favor del emperador con presentes y regalos. Demetrio II reconoció la posición de Jonatán como sumo sacerdote y pareció perdonar el ataque contra Acra con la condición de que Jonatán suspendiera el asedio y nunca intentase un acto similar en el futuro. Demetrio II aceptó además de Jonatán la gran suma de 300 talentos, eximió a Judea de impuestos por un corto período, y le otorgó al sumo sacerdote las toparquías cercanas (un área a ser gobernada) del monte Efraín, Lod y Ramathaim-Zophim.[21]

Nuevamente, la paz no duraría. Demetrio II pronto se vio desafiado por un hombre llamado Diodoto Trifón, un ex general de Alejandro Balas. Servía como tutor y cuidador del hijo sobreviviente de tres años de Balas, a quien Diodoto pretendía usar como gobernante títere mientras él se convertía en rey. Demetrio II se comprometió a retirar sus batallones de la ciudad de Acra en Jerusalén a cambio de la lealtad de Jonatán. También quería tropas de Judea, ya que sus fuerzas se extendían por los levantamientos en todo el imperio; mucha gente apoyaba a Diodoto.

Jonatán envió unos 3.000 soldados a Demetrio II. Ellos protegían al rey en su ciudad de los sujetos del Imperio seléucida. Sin embargo, Demetrio II no eliminó las guarniciones como había prometido, y Jonatán decidió desertar a la manera de cualquier otro sujeto leal y molesto. Diodoto recompensó el apoyo de Jonatán reafirmando su posición como sumo sacerdote y nombrando al hermano de Jonatán, Simón, como el general militar a cargo de la costa del mar y parte del territorio que conduce desde Judea a Egipto.

Jonatán y Simón fueron a luego a una serie de conquistas militares y comenzaron a reafirmar sus tratados con los reinos como la República romana. Sin embargo, Jonatán se extralimitaría. Sus aspiraciones al poder no pasaron desapercibidas, y Diodoto invitó al Sumo Sacerdote a reunirse con él. Diodoto llegó a las afueras de Judea con un ejército y esperó a Jonatán en la ciudad de Escitópolis. Jonatán llegó con 1.000 hombres, creyendo que Diodoto le daría otras fortalezas para controlar. Diodoto en cambio mató a los

---

[21] Un talento romano equivalía aproximadamente a 32.3 kilogramos de un metal precioso, es decir una cantidad significativa de oro.

soldados de Jonatán y tomó prisionero al sumo sacerdote por sus acciones.

El Liderazgo de Simón

Diodoto intentó invadir Judea, pero se topó con el hermano de Jonatán, Simón. Diodoto trató de convencer a Simón de que prometiera liberar a Jonatán a cambio de 100 talentos de oro sustituyendo a los dos hijos de Jonatán como rehenes. Simón aceptó a regañadientes porque no quería causar la muerte de su hermano, pero no confiaba en lo más mínimo en Diodoto. Efectivamente, Diodoto había ejecutado a Jonatán después de recibir el dinero y los rehenes.

Simón se convirtió en el líder oficial y sumo sacerdote de Judea en el 142 a. C. La totalidad de los sacerdotes y la nobleza de Judea sacaron una resolución para mantener a los asmoneos en el poder hasta que apareciera un profeta que guiara al pueblo. Teniendo en cuenta lo duro que los macabeos habían luchado contra la helenización, es irónico observar que esta resolución, de la que se beneficiarían, se establecería a la manera helénica.[22]

La dinastía asmonea realmente comenzaría bajo Simón. Finalmente capturó la ciudadela seléucida en Jerusalén alrededor del año 141 a. C. Para el año 139 a. C., Roma había reconocido a la dinastía durante la visita de Simón. Judea parecía capaz de hacerse cargo y soportar futuras incursiones del Imperio seléucida durante un corto período. Simón gobernaría en paz desde el año 142 a. C. hasta el 135 a. C., cuando fue asesinado abruptamente. Su asesino no era otro que su yerno, quien además asesinó a los dos hijos mayores de Simón cuando intentaban acercarse al trono.[23]

---

[22] Ibid.
[23] J.W. Rogerson, *El Manual de Estudios Bíblicos de Oxford,* (Oxford University Press, Oxford, p. 292.

Capítulo 8 - La Expansión Asmonea y la Guerra Civil

Juan Hircano

Juan Hircano llegó al trono como el tercer hijo mayor de Simón. Asumió el liderazgo y aceptó el título de sumo sacerdote, al tiempo que tomaba un nombre helenizado para apaciguar a ciertos miembros del Imperio seléucida. A su acceso al trono, Hircano tenía 30 años y Judea y el Imperio seléucida volvían a estar al borde del precipicio de la guerra. Efectivamente, el rey seléucida Antíoco VII Sidetes atacó a Jerusalén.

Antíoco VII quemó y saqueó el campo alrededor de Jerusalén antes de sitiar la ciudad durante todo un año. Hircano decidió evacuar a todos los ciudadanos de la ciudad que no pudieran ayudar en la defensa de Jerusalén. Naturalmente, Antíoco VII se negó a dejar pasar a los refugiados más allá de su línea del frente. Por lo tanto, los refugiados quedaron atrapados entre los dos lados del asedio y padecieron hambre, abuso de los soldados y diversas enfermedades comunes en el campo de batalla. Hircano finalmente recuperó el sentido y permitió que los refugiados volvieran a entrar, pero

Jerusalén enfrentó una mayor escasez de alimentos y hambre. Una vez que pasó un año, intentó negociar un acuerdo con Antíoco VII.

Antíoco VII acordó una tregua. Juntos, él e Hircano esbozaron un tratado que complacía al Imperio seléucida y le robaba el poder a Judea. A cambio de la paz, Hircano pagaría a Antíoco VII 3.000 talentos de plata que supuestamente se vio obligado a retirar de la tumba del famoso rey David. Además, necesitaba derribar los muros protectores de Jerusalén, participar en la guerra seléucida contra su enemigo, los partos, y reconocer el control seléucida de Judea. Juntos, todos estos términos eran extremadamente duros y diseñados para debilitar y romper el poder que la dinastía asmonea había construido a lo largo de los años.

Después de la guerra Judea sufrió económicamente, en gran parte porque el Imperio seléucida decidió imponer fuertes impuestos a la región. Hircano dejó su posición para acompañar a Antíoco VII durante su campaña militar contra los partos, donde fue obligado a dirigir las fuerzas judías.[24] Rápidamente perdió apoyo entre la población de Judea debido a su ausencia e inexperiencia en la política. La gente del campo lo odiaba por permitir que los seléucidas saquearan sus tierras, mientras que los religiosos lo detestaban por saquear la tumba de David para recuperar los talentos de plata. A la tierna edad de 31 años, Hircano era odiado por su propio pueblo.

Todo esto cambiaría después de la muerte de Antíoco VII en el 128 a. C., quien fuera asesinado en la batalla contra los partos. Hircano reconoció su ventaja y manipuló los disturbios en el Imperio Seléucida después de la pérdida de un líder. Demetrio II regresó del exilio para tratar de recuperar el control de todo el imperio, pero no pudo avanzar contra la Judea empoderada. Peor aún, el Imperio seléucida se vio desintegrado en principados separados ya que los príncipes no podían acordar quién debería controlar el territorio. Estos nuevos principados incluían a los amonitas de Transjordania,

---

[24] Joseph Sievers, y Jacob Neusner, ed., *Los Asmoneos y sus Partidarios: de Matatías hasta la Muerte de Juan Hircano.* (Atlanta: Scholars Press, 1990), 140.

los Itureos del Líbano y los nabateos árabes, todos los cuales vivían cerca de Judea, el futuro reino asmoneo.[25]

Juan Hircano comenzó a llevar a cabo campañas militares para conquistar el antiguo territorio seléucida alrededor del año 113 a. C. El primer objetivo en su lista era Samaria, una tierra ubicada en la Palestina contemporánea y cerca de Judea. Comenzó una campaña militar extensa y agotadora para debilitar las defensas de Samaria y puso a sus hijos a cargo del asedio. Samaria sabía que sería difícil derrotar al ejército que Hircano fue armando en ausencia del Imperio seléucida y pidió ayuda. Uno de los reyes del Imperio seléucida envió 6.000 tropas.[26]

Hircano continuó el asedio durante un año hasta que toda la región se derrumbara. Los mercenarios del rey seléucida encontraron su muerte, e Hircano comenzó una política de obligar a los no judíos a empezar a practicar las costumbres y leyes judías. Muchos de los habitantes de Samaria se encontraron esclavos de los judíos y pronto cayó la ciudad de Escitópolis.

Las ambiciones de Hircano continuarían sin cesar. Después posó su vista en Transjordania en el 110 a. C. Transjordania se encontraba el sur del Levante al este del río Jordán y de Judea. Hircano primero atacó la ciudad de Madaba y la reclamó como suya dentro de los seis meses. Luego capturó a Siquem y al Monte Garizín, donde destruyó los templos samaritanos y las reliquias religiosas para difundir el judaísmo. Sus ataques contra los llamados dioses paganos e ídolos religiosos elevaron su reputación entre su pueblo, especialmente los conservadores religiosos que estaban enojados por la apertura de la tumba de David. De hecho, los continuos éxitos militares de Hircano aumentaron enormemente su valor a los ojos de los israelitas, ya que parecía que estaban llegando nuevamente al poder en la región.

---

[25] Gaalyahu Cornfled, *de Daniel a Pablo: Judíos en Conflicto con la Civilización Grecorromana*, (New York: The Macmillan Company, 1962), 50.
[26] Lipovsky, *Judea entre Dos Eras*.

Hircano luego eligió ir al sur y atacar a los edomitas que vivían al sur de Judea. Conquistó numerosas ciudades y luego ordenó a los pueblos someterse a conversiones forzadas al judaísmo, un movimiento que no se había visto en ningún gobernante judío anterior. Algunas fuentes dicen que la gente se convertía voluntariamente para seguir viviendo en su territorio, pero otras indican que los edomitas se vieron obligados a someterse a circuncisiones y practicar la ley judía bajo amenaza de la muerte.

Aparte de sus logros militares, Hircano era conocido por su estabilización de la posición de Judea en el Levante. El asedio de Jerusalén dejó a Judea en una situación financiera grave, un problema que se resolvió con la conquista. Lugares como Samaria ahora rendían homenaje a Judea, e Hircano pudo acuñar su propia moneda y comenzar varios proyectos de construcción, incluida la fortaleza Hircana en el desierto. También firmo tratados de paz con potencias crecientes como la República romana, los reinos griegos de Atenas y Pérgamo, e incluso el Egipto ptolemaico.

Los Sucesores de Juan Hircano

Sin embargo, la paz no duraría. Cuando Hircano murió, decretó que su esposa debía ser la nueva gobernante, convirtiéndose el mayor de sus cinco hijos en el sumo sacerdote en lugar del próximo rey. El hijo mayor, Aristóbulo I, no tomó bien las noticias. Cuando su padre murió, encarceló a su madre y a tres de sus hermanos. Permitió que su madre se muriera de hambre mientras él se hacía del trono, solo para morir de una enfermedad insoportable menos de un año después, en el año 103 a. C.

Durante su corto reinado, Aristóbulo I expandió aún más las conquistas de su padre. Reclamó Galilea, una región en el norte del moderno Israel. A pesar de la resistencia de las tribus locales y el terreno difícil, los judíos marcharon fácilmente a través de Galilea y forzaron a los pueblos nativos a convertirse al judaísmo. La práctica de la circuncisión forzada fue especialmente común en la región.

Tras su muerte, la esposa de Aristóbulo I, Salomé Alejandra, liberó a sus hermanos de la prisión. Eligió colocar en el trono a Alejandro Janneo y se casó con él para mantener su posición. Alejandro reinó desde 103 a. C. al 76 a. C., durante los cuales libró una larga guerra civil contra el rey seléucida Demetrio III Eucarios o Filópator. También se ocupó de las rebeliones internas en Jerusalén y crucificó a más de 800 rebeldes judíos en una demostración de fuerza.

La dinastía asmonea perdió el control de Transjordania alrededor del año 93 a. C. a manos de un pueblo árabe del sur de Levante, y Alejandro se vio obligado a pagar a sus enemigos para que no se pusieran del lado de los revolucionarios en Jerusalén que querían que fuera removido del poder. Alejandro murió alrededor del año 76 a. C. y fue reemplazado por Salomé Alejandra, quien gobernó desde el 76 a. C. al 67 a. C. Fue una de las dos únicas reinas judías. Nombró a su hijo como su sumo sacerdote, que se convertiría en el nuevo rey después de la muerte de su madre. Durante su reinado, el reino asmoneo logró su mayor extensión.

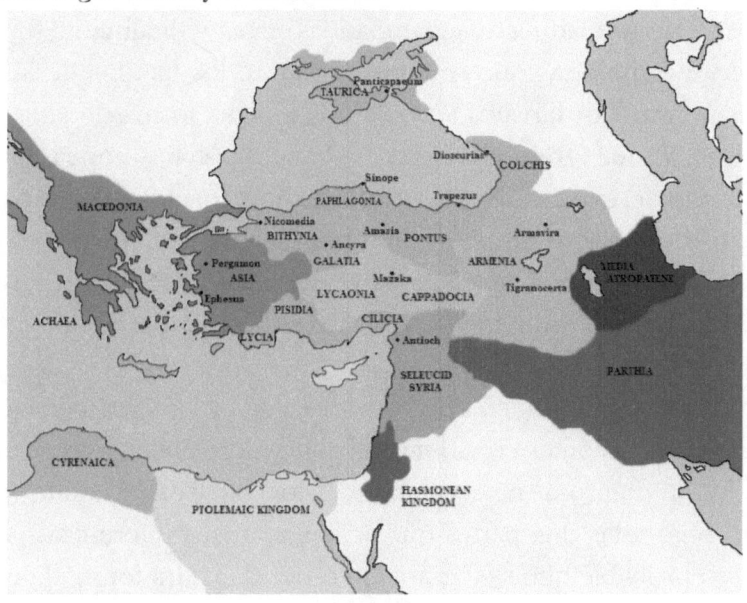

El reino asmoneo

Los Fariseos y los Saduceos

Durante su existencia, la dinastía asmonea luchó con dos facciones políticas y religiosas separadas: los fariseos y los saduceos. Como se vio anteriormente, los fariseos como partido surgieron poco después de que Juan Hircano estableciera su nueva monarquía y desarrollara una dinastía israelita que no se basaba en el linaje familiar de David. La palabra "fariseos" significa algo así como "separatistas" y se refiere a un grupo de israelitas que observaban las leyes tradicionales de pureza y mantenían la antigua representación de la Torá, la ley de Dios tal como se mostró a Moisés. La base principal de los fariseos estaba en las clases bajas y los pueblos comunes.

La mayoría de los saduceos eran individuos de clase alta que controlaban los aspectos políticos y sociales de Judea. Los saduceos ignoraban la tradición oral de la Torá que seguían los fariseos. También adoptaron una traducción más literal de los documentos sagrados, que muchos vieron como una helenización continua de las creencias judías tradicionales.

Los fariseos y saduceos separaban las clases y finalmente formaron las facciones políticas que se convertirían en los bandos de la guerra civil asmonea. Los fariseos apoyaban la antigua forma de vida judía y se oponía a muchas de las acciones de la dinastía asmonea, incluidas las guerras de expansión y las conversiones forzadas. La separación entre los dos bandos empeoró aún más cuando los fariseos exigieron que Alejandro Janneo eligiera entre ser sumo sacerdote o rey. En respuesta, Janneo implementó los ritos de los saduceos en el templo israelita principal.[27]

Un breve motín estalló en el templo, cuando los fariseos enojados atacaron la decisión del rey. Fue sofocado rápidamente y comenzó un período de rigurosa persecución de los fariseos. Cuando Janneo murió, rogó a las dos partes que se zanjaran sus diferencias, aunque era poco probable que se lograra. Salomé Alejandra tomó el control y

---

[27] Ibid.

su hermano, un fariseo importante, los puso temporalmente en el poder. Cuando ella murió, sus dos hijos, cada uno reclamando el trono, se aliaron con facciones separadas para obtener apoyo. Los dos poderes en competencia que resultarían respaldarían a los dos demandantes a través de un sangriento período de guerra civil.

La Guerra Civil Asmonea

Hircano II subió al trono y fue rey durante tres meses antes de que su hermano, Aristóbulo II, se sublevara. Hircano II tenía el respaldo de los fariseos, mientras que Aristóbulo II captaba a los saduceos. Hircano II dirigió un ejército formado por leales fariseos y mercenarios, pero su hermano tenía más seguidores y ganó el conflicto inicial fuera de Jerusalén.

Hircano II se refugió en Jerusalén, pero Aristóbulo II lo obligó a salir. Según algunas fuentes, Hircano II huyó de la región y tomó como rehenes a la esposa y los hijos de Aristóbulo II, pero los dos hermanos lograron llegar a un acuerdo antes de que la situación empeorase. Aristóbulo II se convertiría en rey y Sumo Sacerdote, pero Hircano II podría retener parte de los ingresos de las oficinas y recibir a varios dignatarios como hermano del rey. Los dos hombres cambiaron de casa, Aristóbulo II se mudó al palacio e Hircano II a la casa de su hermano.

Sin embargo, la mayoría de las fuentes están de acuerdo en que la guerra civil continuó hasta que interviniera Roma. Durante la guerra civil, el general romano Marco Emilio Scauro se fue a capturar Siria y al resto del Imperio seléucida en nombre de Pompeyo el Grande.

Pompeyo el Grande fue uno de los comandantes militares más exitosos de la República romana y eventualmente se convertiría en parte del célebre Primer Triunvirato de Roma. Scauro entró en Siria y se encontró con la guerra civil entre Hircano II y Aristóbulo II. Ambos hermanos intentaron que Scauro estuviera de su lado a través de regalos, promesas y sobornos. Originalmente, Aristóbulo II logró ganar el favor de Roma por medio un regalo de 400 talentos. Sin embargo, esto cambió cuando Pompeyo el Grande llegó a Siria. Miró a los dos hermanos y vio personalidades distintivas muy diferentes. Aristóbulo II era inteligente, astuto y militarmente experimentado, mientras que Hircano II era más blando, más débil y más fácil de controlar.

Pompeyo el Grande se ganó el apodo de "Conquistador de Asia" por sus condiciones como general que deseaba poner a Judea bajo el control de Roma para expandir el territorio de la República.[28] Hircano II y Aristóbulo II se acercaron al comandante con más presentes y promesas. Pompeyo se demoró en revelar una decisión a pesar de recibir regalos realmente lujosos como una vid de oro por un valor de 500 talentos. Aristóbulo II se dio cuenta de que Pompeyo tenía la intención de poner fin a la guerra civil al hacerse cargo de la dinastía asmonea y retirarse con sus ejércitos. Estableció una fortaleza en Alexandria, pero se dio cuenta de que sus esfuerzos eran infructuosos.

Para apaciguar a Pompeyo, Aristóbulo II decidió entregar Jerusalén. Sin embargo, el pueblo se negó a abrir las puertas al ejército y se produjo un prolongado asedio. Cuando llegaron los romanos, Jerusalén fue tomada por la República romana. Judea quedó bajo el control de los romanos y se convirtió en otro protectorado que necesitaba rendir homenaje a un gobernador romano y vivir bajo su control.[29]

---

[28] Robin Seager, *Pompeyo el Grande: Una Biografía Política*, (Blackwell Publishing, 2002).
[29] Richard Hooker, *"Los Hebreos: La Diáspora,"* recuperado 2006, Módulos de Aprendizaje de Civilizaciones Mundiales, Washington State University, 1999.

Pompeyo en el Templo de Jerusalén por Jean Fouquet, 1470 d. C.

Capítulo 9 - Gobierno Romano de Judea

La dinastía asmonea no se derrumbó de inmediato cuando intervinieron los romanos. Aunque Judea estaba ahora bajo el gobierno de un gobernador romano, todavía tenía un gobernante llamado etnarca, que era un líder político para un grupo específico y homogéneo de gente. Hircano II recibió este rol alrededor del año 47 a. C. después de una prolongada lucha entre Pompeyo y César. Pompeyo el Grande continuaría apoyando al débil Hircano II como el sumo sacerdote, mientras que los administradores romanos en la región dividieron el antiguo reino asmoneo en los territorios de Galilea, Samaria y Judea. Cinco consejos gobernaban cada área individual, incluyendo Jerusalén y la ciudad de Jericó. A Hircano II se le continuó negando el rol de rey y el control oficial de la región recayó en un romano llamado Antípatro.

La Caída de la Dinastía Asmonea

A Hircano II le disgustaba la presencia de Antípatro. Antípatro le quitó toda influencia a Hircano II además de darle a sus hijos importantes nombramientos tales como gobernador de Jerusalén o gobernador de Galilea. Herodes, uno de los hijos más jóvenes de Antípatro, ejerció el poder en Galilea y enojó tanto a Hircano II que el sumo sacerdote lo obligó a ser juzgado por supuestos abusos de poder. Herodes se exilió en el 46 a. C. pero regresó poco tiempo después.

En el 44 a. C., los amigos del célebre Julio César lo asesinaron. Se produjo una guerra civil romana durante la cual los generales de facciones rivales invadieron territorios periféricos como Siria y Judea. Los partos, un enemigo romano al este de los israelitas, también marcharon a tierra romana con la ayuda del anterior general Quinto Labieno. Después de dividir su ejército, los partos lograron conquistar todo el Levante, incluida Judea.

Hircano II fue con un emisario para hablar con los partos y establecer una forma de paz. Los partos lo capturaron a él y a su compañero, le cortaron las orejas y lo retuvieron como prisionero, hecho que a los romanos no les importó. Un hombre llamado Antígono se convirtió en el nuevo rey y sumo sacerdote, pero no logró eliminar a Herodes, que competía con Antígono por el poder. Herodes buscó el apoyo de Marco Antonio, uno de los más importantes líderes de Roma. Marco Antonio y el Senado romano declararon a Herodes el verdadero rey de los israelitas (llamado "rey de los judíos") y le dieron más fuerzas para luchar contra Antígono.

La lucha duró tres años, del 40 a. C. al 37 a. C. La mayoría de las fuerzas de los romanos luchaban contra los partos al este, por lo que Herodes se quedó casi solo. No fue sino hasta después que los romanos derrotaran a los partos que Herodes venciera con éxito a Antígono y lo entregara a Marco Antonio, quien decapitó al ex sumo sacerdote. El gobierno asmoneo llegó a su fin cuando el Senado romano nombrara oficialmente a Herodes como el verdadero gobernante de Judea.

Herodes y el Control Romano Continuo

Herodes sería conocido como Herodes el Grande. Su posición oficial era como un mandante rey romano de Judea, o el gobernante de un territorio más pequeño que todavía necesita responder al Senado romano. Gobernó del 37 a. C. al 4 a. C. Mucha gente se esfuerza por clasificar el legado del rey. Si bien completó impresionantes proyectos de construcción, formó una nueva aristocracia y mejoró la economía de Judea, también dejó que muchos de sus ciudadanos vivieran en la pobreza y denunció muchas costumbres judías.

Herodes comenzó lo que se conocería como la dinastía herodiana, que además sería gobernada por sus hijos a su muerte. Requeriría el apoyo constante del Senado romano para permanecer en el poder y lidió con muchas amenazas a su trono. En particular, su suegra, Alejandra, buscaría recuperar el poder para su familia, los asmoneos. Trató de convencer a Marco Antonio que nombrara a uno de sus parientes sumo sacerdote. Para evitar el problema, Herodes ordenó su primer asesinato.[30]

Después, comenzó una lucha en Roma entre dos poderosos, Octaviano y Antonio. Herodes se puso del lado de Antonio en el 37 a. C., pero Antonio perdió. Herodes se jugó su reputación y la usó para convencer a Octavio de que sería leal y mantendría a Judea bajo control y proporcionaría riquezas a Roma. Octavio permitió que Herodes permaneciera en su cargo. Los historiadores discuten qué pensaban los verdaderos judíos sobre Herodes, y la mayoría de los especialistas están de acuerdo en que a los judíos no les gustaba como gobernante.

Herodes gastaría la mayor parte de su dinero en lujosos productos para la construcción, por ejemplo, para la expansión del templo en Jerusalén, nuevas fortalezas y ciudades como la Cesárea Marítima. Gravó fuertemente al pueblo para darle regalos a gente influyente dentro de Roma. Además, extrajo enormes cantidades de asfalto del mar Muerto para la construcción de barcos y arrendó minas de cobre para aumentar su riqueza.

Aunque mejoró y realzó el templo de Jerusalén, Herodes recibiría críticas de la mayoría de la población aun de los fariseos y de los saduceos. Los fariseos se enojaron por no escuchar sus

---

[30] Adam Kolman Marshak, *Las Muchas Facetas de Herodes el Grande*, (Eerdmans, 2015).

recomendaciones y sugerencias sobre cómo trabajar en el templo. Los saduceos estaban molestos porque Herodes relevó de sus cargos a muchos de sus sacerdotes y funcionarios influyentes reemplazándolos por gentiles, o no judíos. Para empeorar las cosas, a Herodes le gustaba traer de afuera formas de entretenimiento, así construyó una enorme águila real cerca de la entrada del templo, que mostraba su dedicación a Roma.[31]

Sitio del Entierro de Herodes

Herodes murió en el año 4 a. C. y fue enterrado en un lugar conocido como Herodión. La mayor parte de su reino fue separado en tetrarquías entre los tres hijos de Herodes, y parte del territorio fue a parar a la cuñada de Herodes. Una de estas tetrarquías era Judea, que incluía a Jerusalén, el antiguo reino de Judá y partes de Samaria e Idumea. El hijo de Herodes, Herodes Arquelao, se hizo cargo de Judea y fue un gobernante tan terrible que el emperador romano lo

---

[31] Ibid.

echó del poder en el año 6 a. C. después de que la población de Judea suplicara literalmente a Roma que hiciera algo al respecto.

Control y las Guerras Judeo-Romanas

Fue en ese tiempo, 6 d. C., que Judea finalmente quedó bajo el control administrativo romano directo, no como vasallo a través de un rey o gobernante del territorio. Judea no traería mucho dinero a Roma, pero controlaría las influyentes rutas marítimas y terrestres que conectaban Roma con Egipto, que era el granero de la región. También sirvió como una provincia fronteriza que protegía a Roma de su enemigo, los partos. Roma dividió a Judea en cinco distritos administrativos: Jerusalén, Gádara, Amathus, Jericó y Séforis.

Judea logró existir en relativa paz bajo Roma durante aproximadamente seis décadas antes de que los judíos (israelitas) se sintieran descontentos y comenzaran a rebelarse. Alrededor del año 66 d. C. comenzaron las guerras judeo-romanas. Judea fue influyente durante la primera guerra judeo-romana. Duró desde el año 66 d. C. al 70 d. C. y resultó en el asedio de Jerusalén, la destrucción del templo de Herodes (el templo mejorado de Jerusalén), y obligó a Judea a tener aún más control de Roma. El siguiente conflicto importante fue la revuelta de Bar Kojba entre 132 d. C. -135 d. C. Los judíos perdieron nuevamente y el emperador romano renombró a Judea para despojarla de la identidad judía.

Con el tiempo, el control de Judea pasaría de los romanos a un estado semiindependiente y luego de vuelta a una comunidad destruida. El pueblo formaría varias diásporas en la medida que su patria quedara bajo el control de diferentes conquistadores. El estilo de vida nómada de los israelitas influyó fuertemente en su religión, que se convirtió en el judaísmo moderno y que eventualmente daría lugar al cristianismo y al islam.

Capítulo 10 - Antigua Religión Hebrea y Judaísmo

La religión hebrea o israelita fue importante para mantener unida a la civilización primitiva. Según sus creencias, los israelitas descendían de los mismos antepasados y servían como los elegidos de su dios, convirtiéndolos en un grupo étnico significativo. La religión desempeñaba una función crucial en la vida cotidiana debido a las reglas y regulaciones establecidas por Yahvé, la deidad principal y eventualmente singular de los israelitas. Entre las leyes que controlaban la vida diaria estaban:

— La prohibición de casarse con alguien que no fuera étnicamente israelita.

— La creación de un sacerdocio hereditario.

— La prohibición del adulterio, el asesinato y el robo.

— La prohibición de adorar a otros dioses además de Yahvé

— La prohibición del uso de imágenes que representaran a Yahvé.

La religión israelita era compleja y cambiaría con el tiempo para reflejar el creciente poder de Israel. En su apogeo, el reino tenía

300.000 seguidores religiosos. Una de las mayores transiciones fue del politeísmo al monoteísmo.

Monoteísmo vs. Politeísmo

La antigua religión hebrea no se desarrolló hasta finales de la Edad de Hierro. Antes de este período, los israelitas practicaban la religión cananea, que implicaba la adoración de múltiples deidades que se cree que controlan diferentes aspectos de la vida. Esta veneración de más de un dios se llama politeísmo. Finalmente, los israelitas se alejaron del tradicional dogma cananeo y comenzaron a centrarse más en la adoración de los antepasados y los llamados dioses familiares, o deidades específicas que se cree que están relacionadas con el bienestar de un linaje patriarcal específico. Esta transición seguía ciertas secciones de la religión cananea, pero involucraba una adoración menos centralizada que la que se ve típicamente en los centros cananeos.

Cuando se estableció una clara monarquía durante la segunda mitad de la Edad de Hierro, los israelitas cambiaron gradualmente al monoteísmo, o la creencia y el culto de una sola deidad. La monarquía promovió su deidad familiar específica por encima de todas las demás, construyó templos y alentó al pueblo a hacer la transición a la adoración de este dios en lugar de las deidades familiares personales. Este dios era Yahveh, quien frecuentemente se integraba con El, la antigua deidad principal de los cananeos. Sin embargo, fuera de la corte real, el pueblo seguía siendo politeísta y adoraba a sus deidades familiares. No fue sino hasta el establecimiento completo de Judá e Israel y la siguiente conquista asiria que los israelitas adoptarían completamente el monoteísmo y a Yahvé.

Yahvé

La historia de Yahvé comienza en la Edad de Bronce, cuando los israelitas aún no eran un grupo diferente y seguían viviendo en otros estados políticos. Los eruditos no están seguros de la etimología exacta detrás del nombre de "Yahvé", pero muchos creen que en realidad era otro título para el principal dios cananeo El, especialmente porque los israelitas solían ser cananeos.[32]

El era el dios supremo sobre todos los demás, el creador de humanos y animales. El engendró algunas de las deidades más importantes del panteón, incluidos los dioses de las tormentas, la muerte y el mar. Su asignación principal era como el dios de la sabiduría, el antiguo hombre de barba gris que controlaba el cosmos. Poseía numerosos nombres, uno de los cuales era Yahvé, y su nombre principal, El, se usó en la escritura cananea e israelita para referirse a los dioses en general debido a su influencia y poder.

La teoría de que El y Yahvé son la misma deidad está respaldada por pasajes encontrados en algunos de los primeros escritos del Antiguo Testamento. Por ejemplo, una línea del Libro del Éxodo dice que Yahvé se le reveló a Abraham, Isaac y Jacob como El Shaddai, y que aún no sabían su verdadero nombre, YHWH, que se creía que se traducía como "Yahvé". El Libro del Génesis contiene referencias similares, donde Abraham acepta la bendición de dios El. Sin embargo, no todos creen que El y Yahvé fueran la misma deidad, especialmente porque la palabra El podría usarse para referirse a un dios en general.

Ya sea que Yahvé fuera o no fuera El, lo cierto es que el dios israelita parecía ser el producto del sincretismo, o la amalgama de diferentes creencias religiosas en una cultura o práctica singular. Algunos ejemplos modernos serían el catolicismo latinoamericano que incorpora numerosos elementos de las prácticas religiosas indígenas, o el vudú haitiano, que combina las creencias africanas con elementos cristianos. El israelita Yahvé se refiere ocasionalmente a un dios de la tormenta y está profetizado para luchar algún día contra un gran leviatán o una bestia marina, como lo hizo el dios cananeo de la tormenta Baal.[33]

---

[32] John Day, *Yahvé y los Dioses y Diosas de Canaán*, (New York: Sheffield Academic Press, 2002).
[33] Ibid.

La Destrucción del Leviatán de Gustave Doré, 1865

El registro más antiguo conocido del uso de Yahvé proviene de una inscripción egipcia escrita durante la época del faraón Amenofis III, que vivió desde 1402 a. C. hasta 1363 a. C. Aquí, Yahvé aparece como parte de un nombre de lugar que dice "tierra de Shasu de yhwh". Los Shasu eran un grupo de nómadas del norte de Arabia que provenían principalmente de Edom y Madián, dos lugares asociados con Yahvé en los estudios bíblicos. La hipótesis principal en los tiempos contemporáneos es que los comerciantes con los nómadas introdujeron gradualmente el concepto de Yahvé a los cananeos en el sur, que fue cómo se extendió por todo el Levante durante la Edad del Bronce. La fusión gradual de Yahvé con El ocurrió durante la temprana Edad de Hierro (1200 a. C.-930 a. C.), y eventualmente se convertiría en la principal deidad de Israel y Judá durante la última Edad de Hierro (1000 a. C.-586 a. C.).

Un dracma romano representando a Yahvé

Para el año 1000 a. C., Yahvé se convirtió en el dios nacional del reino de Israel, pero no de Judá. Según todos los relatos históricos, parecería que solo se lo adoraba en estos dos lugares, lo que no era raro en ese momento para un dios. En todo el Levante, diferentes pueblos se alejaron del politeísmo tradicional y en su lugar adoraban a los dioses nacionales. Algunos ejemplos incluyen Milcom de los amonitas, Quemos de los moabitas y Cuas de los edomitas. El pueblo veía al rey de Israel como el virrey de Yahvé en la tierra, y el rey reforzaría esta idea al llevar a cabo una ceremonia en Jerusalén cada año donde Yahvé estaba entronizado allí en el templo. Numerosos artistas a lo largo de los siglos han creado pinturas mostrando esta ceremonia, incluido un famoso ejemplo de James Tissot.

Salomón en Jerusalén

La Religión Israelita y los Asirios

La religión distintiva que se encuentra en las escrituras judías y cristianas se formó a partir del antiguo dogma israelí después de la invasión y destrucción asirias del reino de Israel alrededor del 722 a. C. Los refugiados del norte huyeron a la cercana Judá para escapar del cautiverio, la esclavitud o la muerte.

Miles de israelitas fueron tomadas por los asirios y reubicados, ya que el Imperio asirio quería que sus pueblos habitaran en la capital y otros lugares con recursos en todo el territorio. Los refugiados de Judá se reunieron con ellos para adorar a Yahveh, que fue adoptado por los ricos terratenientes y nobles del reino. La religión se extendió tan rápidamente que en el 640 a. C., el príncipe Josías de ocho años fue coronado. Para el año 622 a. C., Josías y sus seguidores, que adoraban a Yahvé, se habían vuelto algo independientes de sus conquistadores asirios, como para proclamar que eran leales a Yahvé y que no servirían a ningún otro amo.

Prácticas

Los primeros israelitas adoraban a las deidades de manera similar a otros pueblos antiguos. Los templos eran fundamentales para el culto y debían mantenerse y limpiarse cuidadosamente para que la deidad pudiera vivir dentro. La santidad del edificio era reforzada y atendida con frecuencia por medio de rituales, liturgia, sacrificios y ofrendas. Debido a que los israelitas veían a los dioses como esencias divinas, prestaban especial cuidado en garantizar que el templo mantuviera altos estándares. Originalmente, los hombres y las mujeres participaban en los rituales y las mujeres generalmente eran responsables de preparar los panes y el incienso que se ofrecían a los dioses.

La evidencia arqueológica coincide con los escritos en el Libro de Levítico, que afirmaba que había cinco ofrendas diferentes que los israelitas podían usar, cada una con tres niveles diferentes para que tanto ricos como pobres pudieran ofrecer algo significativo. Las cinco ofrendas eran quemas, grano, bienestar, pecado y culpa. Si alguien necesitaba hacer una ofrenda de una quema, podía elegir entre el nivel que correspondía a su clase económica:

— Ricos: toros
— Clase media: ovejas o cabras
— Pobres: una paloma o una tórtola

Para los antiguos israelitas era muy importante ofrecer un sacrificio o un obsequio adecuado de acuerdo con su clase económica, para que los individuos ricos no pudieran contentarse con solo ofrecer una paloma.

La adivinación era otra práctica religiosa significativa. En la antigüedad, la adivinación era la práctica de resucitar a los muertos o hablar con ellos para obtener información o para predecir el futuro.

Aunque en algunos lugares la condenaban como nigromancia, las fuentes indican que los israelitas y los judíos practicaban la adivinación regularmente. Sin embargo, este ritual no tenía un lugar estable dentro de la práctica religiosa. Parece que algunos templos o en determinados días festivos se fomentaba la adivinación, mientras que otros la prohibían explícitamente como hechicería, por lo que para mucha gente la adivinación es una práctica muy controvertida.

Finalmente, los israelitas celebraban numerosas fiestas y festivales por medio de rituales coreografiados. Una fiesta importante era el Día de la Expiación, cuando los israelitas creían que Yahvé había abandonado el templo debido a los pecados de los fieles. Un sumo sacerdote necesitaba hacer sacrificios para expiar los pecados de los israelitas y luego rociar la sangre sobre el altar de Yahvé. El paso final era transferir la pecaminosidad del pueblo a una cabra, que luego se quemaría como una forma de limpiar al pueblo y al santuario de Yahvé de todo el pecado acumulado durante el año. Al igual que muchas otras poblaciones, los israelitas también celebraban el cambio de las estaciones por medio de rituales, como la Pascua y los festivales de la Luna Nueva.

Conclusión

Los israelitas siguen siendo uno de los pueblos antiguos mejor documentados del mundo por su impacto en la sociedad, la religión y la cultura occidental contemporánea. Sin los israelitas, es poco probable que existan las tres religiones abrahámicas, el judaísmo, el cristianismo y el islam.

Muchos otros acontecimientos históricos también habrían resultado de manera diferente si los israelitas no hubieran perdurado y no se hubieran trasladado del Levante a otras áreas del mundo, incluido el norte de África, Europa y partes de Asia Menor. Durante los tiempos medievales y modernos, los israelitas se convirtieron gradualmente en la población judía contemporánea, al igual que otros anteriores israelitas se convirtieron en cristianos o incluso musulmanes que difundieron sus religiones en Europa, Asia, América del Norte, América del Sur, Australia y África.

Los antiguos israelitas han contribuido magníficamente a la ciencia, las matemáticas, el arte, el Hollywood moderno y las culturas de docenas de países. Sin los israelitas, muchos acontecimientos e inventos, tanto buenos como malos, nunca habrían tenido lugar. Por ejemplo, el Israel contemporáneo, la tragedia del Holocausto, el acero inoxidable, la famosa teoría de la relatividad, la televisión en color o la bomba atómica.

A la gente le es difícil comprender cuán conectados están los seres humanos con sus ancestros, y los israelitas constituyen un excelente ejemplo. Una de las principales razones por las cuales los seres humanos poseen tanto conocimiento sobre esos pueblos es porque sus descendientes continuaron viviendo y adaptándose a nuevos entornos; registraron su historia y mantuvieron su religión. Sin los israelitas, la sociedad moderna no sería la misma.

Bibliografía

Albertz, Rainer (2003). *Israel en el Exilio: La Historia y La Literatura del Siglo VI a. C.* Sociedad de Literatura Bíblica.
Cline, Eric H. (2014). *1177 a. C: el Año en que se Derrumbó la Civilización.* Nueva Jersey: Princeton University Press.
Cornfled, Gaalyahu. (1962) De *Daniel a Pablo: Judios en Conflicto con la Civilización Grecorromana.* Nueva York: The Macmillan Company.
Coogan, Michael D. (2009). *Una Breve Introducción al Antiguo Testamento.* Prensa de la Universidad de Oxford.
Día, John (2002) *Yahvé y los Dioses y Diosas de Canaán.* Nueva York: Sheffield Academic Press.
Goodspeed, George Stephen. (2014) *Una Historia de los Babilonios y los Asirios.* Publicación independiente.
Grant, Michael. (1984) *La Historia del Antiguo Israel.* Scribner.
Hooker, Richard. *"Los Hebreos: La Diáspora".* Consultado en 2006. Módulos de Aprendizaje de Civilizaciones Mundiales. Universidad Estatal de Washington, 1999.
Kolman Marshak, Adam (2015) *Las Muchas Facetas de Herodes el Grande.* Eerdmans.
Lipovsky, Igor P. (2017) *Judea entre Dos Eras.* Boston: Cambridge Publishing, Inc.

MacDonald, Nathan. (2008) *¿Qué Comían los Antiguos Israelitas?: Dieta en Tiempos Bíblicos.* Grand Rapids: Wm. B. Eerdmans Publishing Co.

Martin, Thomas R. y Blackwell, Christopher W. (2012). *Alejandro Magno: la Historia de una Vida Antigua.* New York: Cambridge University Press.

Miller, J. Maxwell. (2006) *Una Historia del Antiguo Israel y Judá, Segunda edición* Louisville: Westminster John Knox Press.

Rogerson, JW (2006). *El Manual de Oxford de Estudios Bíblicos.* OUP Oxford. pág. 292.

Seager, Roben. (2002). *Pompeyo el Grande: Una Biografía Política.* Blackwell Publishing.

Sievers, Joseph y Neusner, Jacob ed. (1990) *Los Asmoneos y sus Partidarios: de Matías a la Muerte de Juan Hircano I.*Atlanta: Scholars Press.

Sparks, Kenton L. (1998). *Etnia e Identidad en el Antiguo Israel.* Eisenbrauns.

Waters, Matt. (2014) *Persia Antigua: Una Historia Concisa del Imperio Aqueménida, 550-330 a. C.* Nueva York: Cambridge University Press.

Worthington, Ian. (2016) *Ptolomeo I: Rey y Faraón de Egipto.* Nueva York: Oxford University Press.

Vea más libros escritos por Captivating History

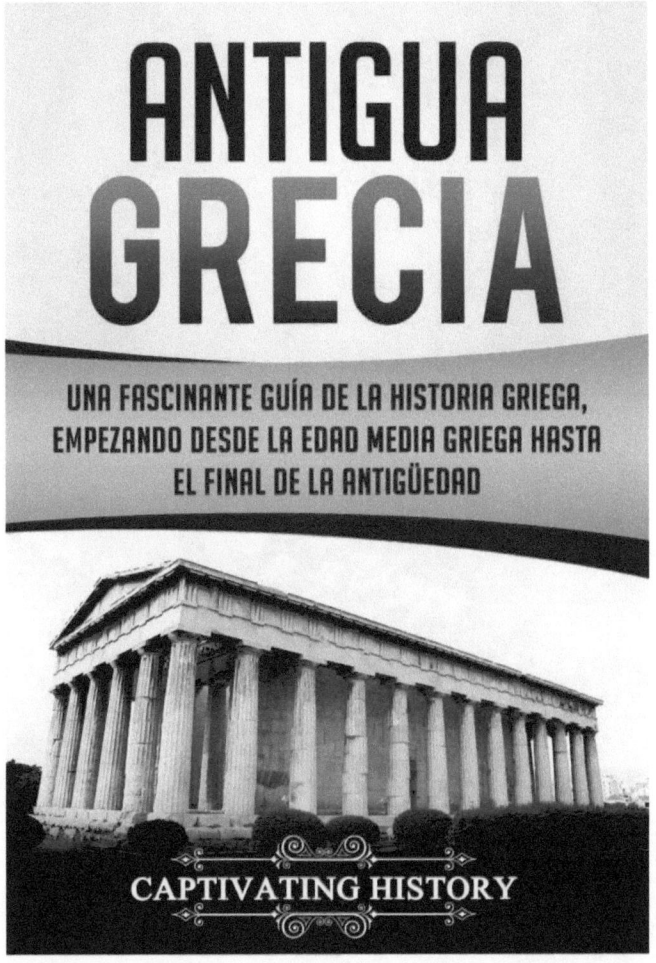

www.ingramcontent.com/pod-product-compliance
Lightning Source LLC
LaVergne TN
LVHW041649060526
838200LV00040B/1770